U0018435

The secret of the highly creative thinker

創意思考的祕密在聯想力

How to make connections others don't

點子源源不絕！歐洲最具未來競爭力的訓練課程

Dorte Nielsen & Sarah Thurber

朵特・尼爾森 & 莎拉・瑟伯——著

劉名揚——譯

Contents

前言

創意必須能隨取隨用

創意的重要性與日俱增。從前它是加分選項，但如今已經是必需品了。

如今，教育界將創意視爲學習的最高階段，心理學家將之視爲自我實現的最高形式，商務主管則將之視爲現代領導能力中最關鍵的特質。坦白說，創意並不是奢侈品。它是二十一世紀必備的生存技能，與事業成功或個人成就息息相關。

這是個亟需爲學生、國民、員工，乃至自己，培養創意思考的重要時代。創意有時看來很神奇，但本書作者朵特・尼爾森（Dorte Nielsen）與莎拉・瑟伯（Sarah Thurber）指出，創意思考具有特定的模式、準則和結構，一旦了解這些原理，便有助於思考、合作及解決問題。

時下的世界瞬息萬變，必須時時以創意來因應。而本書所提供的實用策略及練習所宣揚的，正是創意必須能隨取隨用。與其空等創意之神降臨，不如學會對自己的創意負責。而尼爾森與瑟伯的這套經過科學實證的方法，正好能幫助你做到這點。只要努力學習這些方法，你將能隨時隨地想出具突破性的點子。

期望本書能廣受全球各地的讀者所喜愛。

——傑瑞德・普契歐博士（Gerard J. Puccio PhD）／

紐約州國際創意研究中心總監

（Director, International Center for Studies in Creativity, New York）

創意思考者擅長產生聯想。

提升產生聯想的能力，
便可提升創意。

——朵特・尼爾森

*"Highly creative people are good at
seeing connections.*

*By enhancing your ability to see connections,
you can enhance your creativity."*

Dorte Nielsen

導讀

創意來自聯想

故事要從倫敦的一家廣告公司開始說起。在1990年代初，也就是廣告業的黃金年代，當時我正好躬逢其盛，在全球最大的廣告公司之一擔任創意總監。當時情勢大好，我頻頻獲獎、聲名大噪，有一天，我收到母校丹麥平面設計學院的邀請，去做一系列有關創意與創意思考的客座演講。

我同事對「教授創意」這個想法嗤之以鼻，表示創意這東西「不是與生俱來，就是毫無天分」，一些要好的同事甚至警告我，別爲了嘗試教授發想創意而毀了自己的聲譽。但學生對學習的熱情，還是鼓勵我繼續傳授下去。一如許多前人，我開始思索一個問題：「如何教人變得更有創意？」

我成了一個隱密的觀察者。在公司裡，我觀察專業創意人員如何迸出點子，並孕育出獲獎的廣告宣傳。在學院裡，我觀察學生如何爲了產出獨創的作品而奮鬥。經過一段時日，我發現了一個明顯的模式，一切都可以被歸結到一點：

點子豐富的人擅長產生聯想。

眞的這麼簡單？教人如何產生聯想，就能讓他們變得更有創意？

這個看法在當時有點違背主流認知。創意訓練大多聚焦於過程和工具，但「產生聯想」純粹是個技能，而且是可以被傳授的技能，我推測這可能就是創意的基礎。因此，我跨了一大步，以產生聯想爲基礎，開發一套創意課程。

這個憑直覺出現的構想，逐漸發展成一系列的訓練，而這些訓練成爲這個以培養高度創意思考者爲宗旨的學系之骨幹。

目前，我們的課程已被丹麥媒體與新聞學校（Danish School of Media and Journalism）納爲一個學系，每年有約500位有志在這個行業大展長才的美術總監、文案寫手與概念企畫人員前來申請，錄取人數爲24名。畢業生也紛紛獲得了進入紐約、倫敦、巴黎、聖保羅及上海的一流廣告公司服務的機會。

如果獲得國際獎項可被視爲一個指標，應該能證明這個創新的教學方式是有效的。如今，這個我於2007年創立的創意傳達課程所贏得的獎項，數目超過任何公立大學院校的相關科系。我們的學生在英國設計與藝術指導協會獎（D&AD Awards）、坎城金獅獎（Cannes Lions）、艾皮卡獎（Epica Awards）、CREAM獎（CREAM Awards），及歐洲創意節（Eurobest）等均有重大斬獲。當然，得獎的功勞應歸於學生，但我認爲他們應該也同意，除了他們的堅持與努力之外，這些大膽創新的訓練，對於提升他們與生俱來的創意，必定有所助益。

多年來，我注意到市場上亟需一本創意書籍，不僅內容應超出傳授創意發想過程和工具的範疇，也能以實用性的手段來提升讀者與生俱來的創意能力。

因此，我邀請摯友兼創意同仁——芝加哥FourSight公司的經營合夥人——莎拉·瑟伯一同撰寫本書。她也投入了二十年時光，從事創意相關的教育及寫作。我們在紐約州立大學的國際創意研究中心攻讀創意學碩士學位時，發現若能結合雙方在廣告、寫作、出版、研究和傳授創意的專業知識，將能產生莫大的力量。我們的目標，是完成一本結合實用創意教育，與扎實學術基礎的獨特著作。

我們期望這本書能打破「創意僅爲少數天賦異稟的人才所獨有」的迷思，並希望藉此機會，將高度創意人才的祕密，傳授給更廣大的讀者，並分享有助於大家提升創意能力所需的知識、技巧和訓練。

——朵特·尼爾森

大家說創意是教不來的。

但創意的用意，
就是顛覆既有認知。

——莎拉・瑟伯

"People say: You can't teach creativity.

Then again, creativity is all about reversing assumptions."

Sarah Thurber

Part 1

如何產生聯想

揭開高度創意思考者的祕密。
深入探討日常生活難題的解決之道，
以及偉大的科技突破，
研究如何找出並創造嶄新關聯，
以發展出人意料的獨創事物。

Neela Menik Wedage的〈燈傘〉（Lampella）

高度創意
思考者的祕密

創意思考的核心

1970年代初期，一個夏日早晨，比爾與芭芭拉・鮑爾曼（Bill and Barbara Bowerman）夫妻正在烘烤鬆餅來當早餐。在奧勒岡州立大學擔任慢跑總教練的比爾，抱怨他的學生沒有一雙好的跑鞋能緊緊抓牢剛鋪換的人工草皮。

曾訓練出33位奧運選手的他，隨時都在尋找更好的運動用品。在1960年代，他與合夥人共同創立了一家從日本進口輕量跑鞋的公司，甚至在家裡布置了一間可供他實驗的研究室。

如今，他在尋找一種更輕便、讓人跑得更快的鞋子，而且即使沒有鞋釘，也能緊緊抓牢新跑道的地面。

芭芭拉從燒燙的鬆餅機裡取出鬆餅。比爾端詳著鬆餅，突然產生了一個聯想：「鬆餅上的格子形狀，或許能爲鞋底提供完美的抓地力。」他抓起鬆餅機，飛也似地跑進了實驗室。

當天結束前，他完成了一雙試作鞋。這雙鞋將爲他贏得第一項專利，並使他的公司享譽國際：它就是Nike鬆餅鞋底跑鞋（Nike Waffle Trainer）。

這個故事，就是創意如何出現的完美例子。

一個難題讓鮑爾曼教練苦思數週，卻隨著早餐桌上一個突如其來的聯想迎刃而解。在那一瞬間，鬆餅和跑鞋的DNA在他的腦海中結合，一個史無前例的劃時代產品就此誕生。

創意就是發明出嶄新、有價值的事物之能力。這種能力是可以練就的，而我們將教你如何練成。

本書累積了七十年來的創意相關學術研究成果，爲讀者鋪設出一條激發個人創意潛能的大道。不同於大多數老師只傳授他們所知道的，我們的目標是教你如何想出沒人知道的，也就是專屬於你的獨特發明。

每個人與生俱來的創意或許程度有別，但人人都有權利去學習有助於激發創意的技能。產生聯想就是這類技能之一，而且是最不可或缺的一種。

產生聯想能幫助你發現新的選項，發展出與眾不同的解決方法，並藉由天馬行空的聯想，激發出獨特的點子。訓練產生聯想的能力，能幫助你提升心理的彈性、靈活性和適應力，也能幫助你想出獨創的點子，而獨創性就是創意思考者的特徵之一。創意思考的本質就是：

擅長創意發想的人，
也擅長產生聯想。

訓練產生聯想的能力，
有助於拓展創意思考的深廣度。

所以，我們將為你的聯想產生器上緊發條。首先，我們將探討聯想的本質，再分享關於高度創意思考者如何發想的研究成果。我們將告訴你，來自神經科學家的說法，並就創意思考的科學解釋做一番簡短的介紹。

最後，我們將邀你參加一個創意聯想訓練營，帶領你體驗一連串可幫助你琢磨創意反應與提升創意信心的訓練及工具。

如同音階練習之於音樂家，或慢跑之於運動員，產生聯想是創意思考者必備的基礎技能。對創意思考者而言，這是基本配備。若你尚未具備這種能力，無須擔心；如同體能調節訓練，這些訓練將使你的思考肌肉變得結實，激發你產生前所未有的聯想。

在丹麥過聖誕節時，朵特一家人會點起一支聖誕倒數蠟燭。
在燭芯和倒數數字激發出聯想時，她吹熄了蠟燭。

創意在兩個不相關的事物產生關聯時迸發。
Tammes Bernstein在早餐的餐桌上產生了這個聯想。

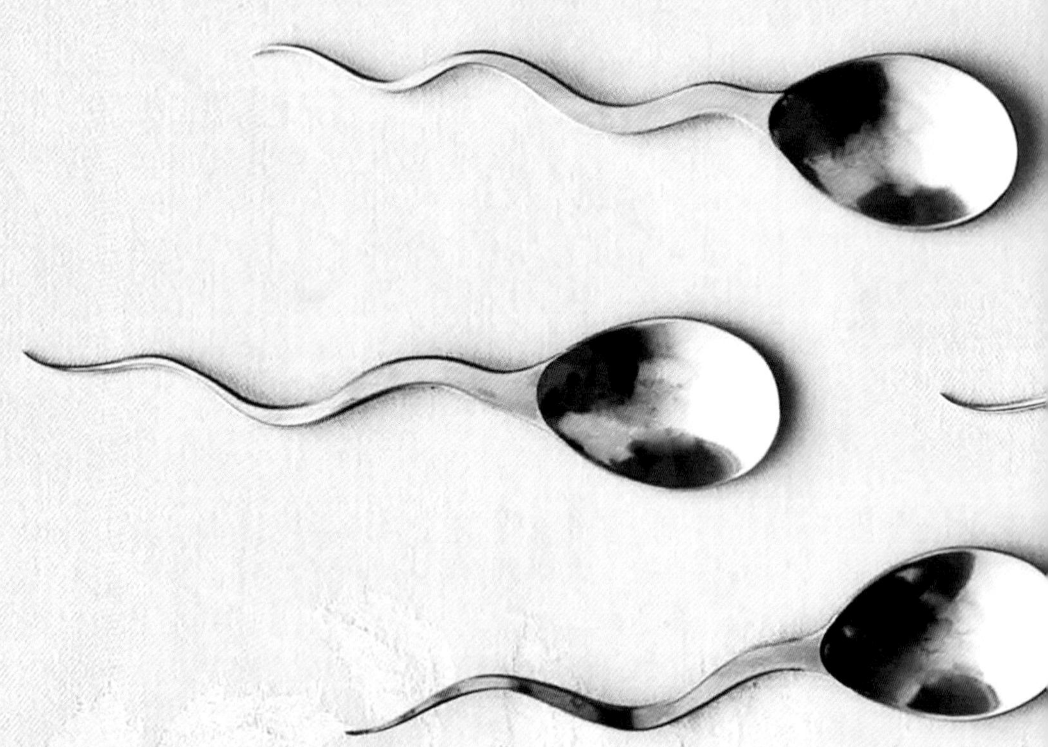

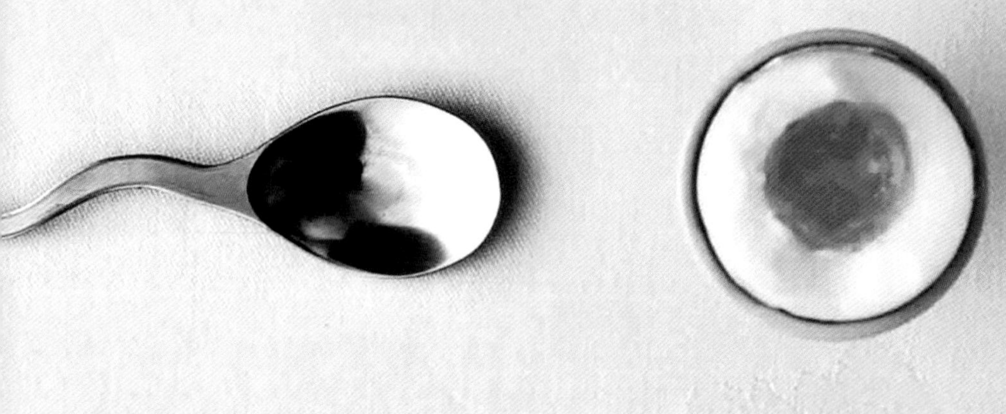

中國有一句俗諺：「愚人常螳臂當車，賢者能因勢利導。」遭遇變化時，人們通常會遵循本能，來挖洞或築牆藏身。

創意能幫助我們往好的方向前進，引領我們探索不熟悉的領域，看見機會、創造選項，並在我們的生活、政治、學習和工作中，找到新的解決之道。在商業領域中，創意能刺激創新。沒有創意，就不會有任何創新。

創意曾是一種加分要素、一種附加選項、一種額外技能，或一個形容你有點古怪的禮貌性說法，例如：「你好有創意。」隨著科技進步與全球競爭滲透進我們的工作與市占率，創意思考已經愈來愈不是奢侈的事，而是必要技能。

最近，IBM進行了一場規模空前的民調，對象是33個國家的1500位企業領袖。這些總裁們最迫切的焦慮，就是難以追上愈來愈快的變化腳步。這並不令人驚訝。最吸引媒體注意的，是這些企業領袖也投票選出了最重要的特質：創意。創意就是幫助他們引領方向、追上變化的最大希望。

他們所指的並不是藝術創作上的創意——這只是創意的一種——而是解決問題的創意。這種創意能讓你在迷茫中保持開放的心胸，找出缺口、跟隨直覺、顛覆假設、發現策略契機、連結點子，並勾勒出一幅迷人願景，吸引眾人追隨你的領導。

如今，每個行業都益發將創意思考視為必要技能。牛津大學的一項新研究預測，科技發展在未來將會衝擊到近700種職位。這項研究分析，電腦終將取代所有不需要人類特質的工作。這代表，為了保住飯碗，每個人都需要仰賴創意性的智慧——也就是必須懂得做彈性思考，或是以不同於標準作業程序的方式來解決難題。

Adobe公司一項近期研究顯示，相較於其他工作技能，近五年來最有助於加薪的能力，就是創意和解決難題的能力。

本書將幫助你大幅提升創新與創意思考的能力。我們將教你如何產生其他人無法企及的聯想。

愚人常螳臂當車，
賢者能因勢利導。

——中國俗諺

"When the winds of change blow,
some build walls other build windmills."

Old Chinese proverb

Trine Quistgaard的〈燈泡〉(Lightbulb)

意想不到的聯想

一旦開始觀察，你就會發現聯想無處不在。自由聯想、比較、發現差異、互補，都屬於聯想的手段。在醞釀階段，當你爲一個挑戰絞盡腦汁時，你的思緒便單純地聚焦在如何爲這項挑戰找出一個觸發點。這點子的觸發點，可以是一則報紙頭條、一台鬆餅機，或公車上一位戴著古怪帽子的女士。重點是，你必須產生聯想。產生聯想就是每個創意思考過程的核心。

愈是讓人意想不到的聯想，戲劇性就愈強。希臘哲學家赫拉克利特（Heraclitus, B.C. 540~480）早在兩千多年前就看透了這點：「相反的東西結合在一起，不同的音調能創造出最美的和諧。」約翰尼斯．古騰堡（Johannes Gutenberg, 1398~1468）發明印刷機的過程就是一個例子。他是天生的商人和發明家，在事業上則是神奇的金匠。當時，他已經發明了活動式鉛字，花了好幾年來嘗試找出可將油墨轉印到紙張上的有效方法。他以傳統的刮擦或蓋印方式印出來的字，效果都乏善可陳。某天，他在一座酒廠看到榨汁機上的螺絲結構，突然靈機一動，想到了將油墨從可動鉛字轉印到紙張上的方法。一如許多偉大發明，古騰堡從榨汁機聯想到印刷機這一步看似簡單，如今對我們來說更是理所當然，但在十五世紀時是意想不到的，就這麼成爲帶領歐洲走出黑暗時代的曙光。

其他意想不到的聯想，包括牛頓從掉落的蘋果聯想到地心引力、甘地從非暴力聯想到革命、可可．香奈兒從西裝聯想到珍珠，或貓王從黑人藍調聯想到白人少女等。在數不清的類似案例中，兩種元素相加的結果都遠遠超過元素本身的總合。雖然「1＋1＝3」在數學上並不成立，但當你的思考出現嶄新且極具價值的聯想時，這個算式就成立了。

Mads Schmidt的〈蛋捲冰淇淋燈〉（Twist Cone）

聯想
無處不在

拜米凱爾．莫勒（Mikkel Møller）的視覺聯想之賜，我們終於能擁有一棵長得和自己在小學時畫得一模一樣的聖誕樹。

高度創意思考者如何思考

仔細觀察一個高度創意思考者如何思考。好好端詳。「殖民火星」、「你的三明治好像長了鬍子」。

創意思考者總是能在挑戰假設、翻轉點子，或是在自己的腦海裡將既有元素延伸、收縮、重新組合時，創造驚喜。他們的腦袋就是一個大馬戲團。

這並不是壞比喻。缺乏創意的人習於邏輯性、線性的思考，創意思考者則習於譬喻性的網狀思考，他們能將傳統思考者無法連結的各種事物聯想在一起。有些讓你以爲可能患有注意力不足過動症（ADHD）的人，可能就是個創意天才。

在廣告公司的創意部門裡，專業創意人員會花一整天討論範圍廣泛的問題、憑空抓出點子、產生無數聯想，並在數據與靈感間來回跳躍。他們宛如雜耍大師，頻繁拋出高速、高品質、富獨創性，既與主題有關，卻又天馬行空的想法，不論當天討論的主題是護髮產品還是直升機，都難不倒他們。不論這是好是壞，在大家看到同樣的東西時，有創意的人和其他人所見的，似乎總是截然不同的東西。

高度創意思考者的成就看來神奇，也可能瘋狂古怪。有誰能預測到一隻卡通化的老鼠能成爲普世的創意偶像、一支手機能成爲許多人渴求的目標，或是電動車也能變得很性感？不過，這些看似瘋狂的現象，其實都是有跡可循的。

高度創意思考者隨時都在產生聯想。一個聯想的誕生就宛如一個小小的「啊哈」，兩者有著同樣的發現與驚喜。每個人在每一天都會經歷或多或少的「啊哈」，這些驚喜的來源可能很簡單，也未必對每個人而言都是乍現靈光。但如果它夠新鮮又夠有效，就可以被歸類爲聯想。

大家看到一輛腳踏車，
畢卡索看到一頭牛。

艾略特・厄威特（Elliott Erwitt）的
〈尼加拉瓜，馬納瓜〉（Managua, Nicaragua）

視覺聯想

大多數人看到一輛腳踏車時，會覺得這就是一輛腳踏車。但畢卡索看到一輛腳踏車時，會覺得自己看到了一頭牛。他如此形容自己以腳踏車坐墊和把手結合成的知名雕塑作品〈牛頭〉：

「猜猜我是怎麼做出這個牛頭的？某天，我在一堆雜亂物品裡看到一個腳踏車坐墊，旁邊就是一個生鏽的把手，突然靈機一動，腦海裡下意識地將這兩個東西結合起來。還沒來得及思考，就迸出了牛頭這個靈感。只要把兩者焊接在一起，這件作品就大功告成了。」

創意思考者能在一眼所見中產生聯想。曾拍攝過瑪麗蓮夢露、切・格瓦拉和賈桂琳・甘迺迪的攝影大師艾略特・厄威特，對左頁這張他所拍攝的、坐在瓠瓜後方的老婦人照片表示：

「對我而言，攝影是一門觀察的藝術，目標是在一個平凡的地方找出有趣的事物。我發現這與你看到什麼無關，而是與你如何看它們有關。」

語言聯想

聯想的範圍不僅限於視覺藝術，文學裡也充滿了聯想的空間。數世紀以來，作家、詩人、饒舌歌手和政治家，都擅長利用明喻與暗喻，來求愛、斥責、娛樂、說服、傳授及統治。作家尤其是藉由聯想譬喻來彰顯主題的高手。

「吾愛吾愛玫瑰紅」（My love is like a red red rose）是詩人羅伯特・彭斯（Robert Burns, 1759~1796）的詩句。我們當然知道他的愛並不是一朵玫瑰，愛是一種情感，玫瑰則是一種花。「愛」與「玫瑰」這兩個詞的不相稱，創造出一個容許我們以想像力填空的語詞真空，讓我們自動將兩者的共通點聯想在一起。我們會想像他的愛可能如玫瑰般鮮活、燦爛、美麗、纖細、迷人、火辣。

譬喻比明喻和暗喻更複雜一些，要求我們立刻將許多事物聯想在一起。電影人物阿甘就曾以這句天真的譬喻表達出驚人智慧：「人生有如一盒巧克力，你永遠不知道將嚐到哪種口味。」

綜觀歷史，
你會發現光憑激勵
並不能刺激人們創新，
而是得提供一個
可供他們產生聯想的環境。

——史蒂芬·強森

"If you look at history,
innovation doesn't come just from giving people
incentives; it comes from creating environments
where their ideas can connect."

Steven Johnson

世界級聯想

世界級的創意成就通常不是一個單一的聯想，而是成千上萬個聯想與迷你的「啊哈」一再累積所產生的結果。

莫札特從五歲起便開始作曲，如今我們將他譽爲一位音樂天才，但他早期的作品大多欠缺獨創性，也不出色。「大家誤以爲我作起曲來似乎輕而易舉。」他解釋道：「但我可以向你保證，親愛的朋友，我在作曲上所投入的時間與思考，要比任何人都多。」

莫札特承襲了巴哈、海頓與韓德爾的成就。他所作的每一首樂曲，都是在音樂領域探索新聯想的契機。莫札特畢生創作了六百多首曲子，在三十五歲英年早逝前，他的確是個貨眞價實的音樂天才。

畢卡索也是一樣。在繪畫生涯初始，他的早期作品很容易被誤認爲同時期其他畫家的畫作，他不僅研究了歷代大師，也研究了自己同期同儕的作品。在七十餘年的創作生涯中，畢卡索創作了近五萬件作品，每一件都嘗試探索不同的視覺聯想。他的經典作品，改變了我們看世界的方式。

科學性聯想

科學家是比任何人都深思熟慮的聯想者。他們很清楚科學上的發現幾乎都不是單一聯想，而是一連串聯想的結果，其中的每個聯想都建立在前一個聯想所打下的基礎之上。

愛迪生懂得聯想的價值，了解正確的聯想就是發明的關鍵。雖然有許多發明以失敗告終，但他對此仍不以爲意。他曾說：「我犯過的錯誤比我所認識的任何人都要多，但我遲早都會爲這些錯誤申請專利。」他申請的專利包括：水泥屋、電子投票機、攝影機，以及電動車電池。在整個二十世紀裡，他都是專利擁有數量的紀錄保持者。其實，他只是以尋找成功的聯想那般的積極度，來剔除不成功的聯想。在爲他的燈泡測試過上千條燈絲後，他說了這句名言：「實驗結果？當然有結果。結果就是我知道這上千種材質是無法使用的。」

聯想名人堂

若要整理出一個「聯想名人堂」，魔鬼氈的發明者喬治．邁斯楚（George de Mestral, 1907～1990）必將名列其中。

這個傳奇得回溯到1948年。某天，邁斯楚帶著愛犬去登山健行，返家後發現自己和愛犬的身上都沾滿了路邊的鬼針草。在賣力拔除的過程中，這些東西激起了他的好奇心。

他以顯微鏡仔細檢視從自己身上拔下的鬼針草，發現它們的尖端有著小小的倒鉤。霎時，這些小倒鉤讓他產生了打造合成材質束帶的聯想。

這是個聯想的經典案例，但你可知道就連魔鬼氈的原文“Velcro”都是聯想的結果？這個字是由“velour”（絲絨，魔鬼氈平滑面的材質）與“crochet”（鉤邊，魔鬼氈另一面的倒鉤），各取一部分結合而成的：Vel＋Cro＝Velcro。

仿生學

受到魔鬼氈誕生故事的啓發，科學家、工程師與發明家們，如今積極在大自然中尋找靈感、解答、譬喻及洞見。他們稱這種研究方式爲「仿生學」（biomimicry），宣稱既然大自然在產品設計、資源回收、永續經營和打造複雜系統方面，已經有長達三十八億年的經驗，我們何不從中尋找靈感和新的聯想？

實際上，荷葉上的防水物質幫助工程師研發出防水玻璃貼膜；蜂窩中的社會活動則幫助商業管理顧問了解組織行爲。最近的例子則是，一種鳥喙幫助解決了日本新幹線列車所遇到的問題。

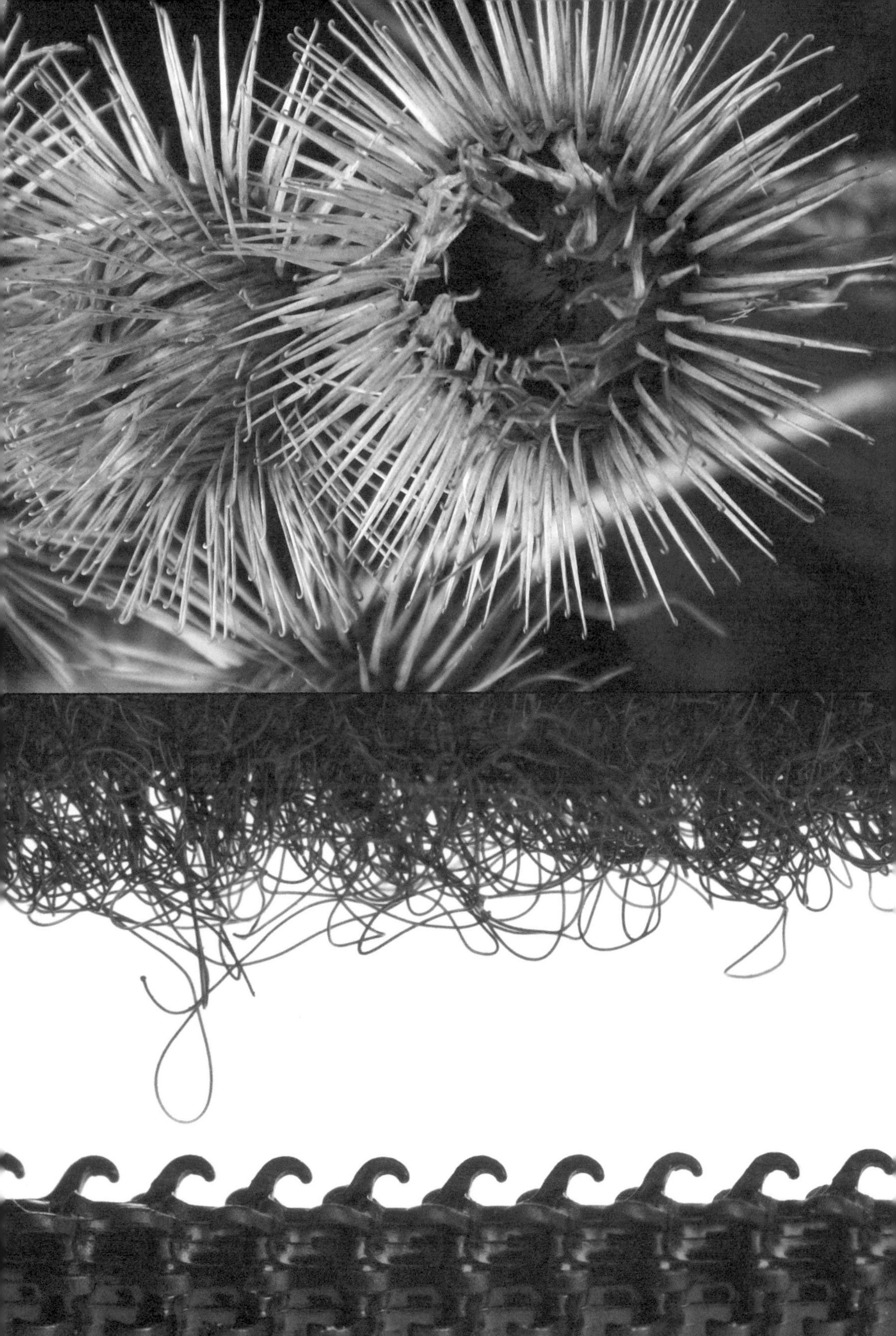

JR700
B1

據說，日本的工程團隊驕傲地宣布最新型的新幹線列車研發成功時，他們並不知道高速可能會造成一個問題。當這種新型列車駛出隧道時，會因速度過快而產生連遠在半公里外的居民都不得不抗議的音爆。這遠遠超出法定標準的噪音，差點逼得新型列車停駛。

新幹線工程師仲津英治檢討了這個問題，發現這總是在列車駛出隧道，碰上隧道外氣壓較高的空氣時發生。為此，他著手尋找高速移動的物體從低氣壓進入較高氣壓環境時的其他例子。

仲津是個賞鳥愛好者，知道翠鳥衝入水中時不會產生漣漪。牠長而流線的鳥喙，能幫助牠順暢地從空中鑽入水中。因此，仲津將列車的車頭修改成類似翠鳥鳥喙的形狀。這個聯想不僅解決了列車的噪音問題，還使列車節省了15%的電力消耗，甚至時速還提升了10%。

科學家兼發明家路易．巴斯德（Louis Pasteur, 1822~1895）有句名言：「機會永遠留給準備好的人。」聯想也是同樣的道理。本章所介紹的許多創意聯想，都是依循類似的模式。大多數人都是在所追求的創意突破上，投入極多時間與心力後，才得以產生成功的聯想。

鮑爾曼一心尋找著能牢牢抓住地面的跑鞋；古騰堡決心要找出將油墨轉印到紙張上的方法；愛迪生雇用大批發明家幫助他尋找能維持燈泡發光的燈絲。這些創造者都有著滿滿的求知欲、經驗、智慧、毅力及感受性需求（perceived need）。到最後，都是憑著他們的能力做出令人意想不到的聯想，催化了他們的創意突破。

如同愛迪生的名言：「幾乎所有想出點子的人，起先設定的都是看起來不可能達成的目標，並為此感到挫折。但這不是該感到挫折的時候。」其實，這是該開始孕育聯想的時候。

Part 2

創意背後的理論

創意的精神是否可以簡化成「產生聯想」？
不妨來聽聽支持此一論點的
1930年代思想家、1960年代研究者，
和時下神經科學家的說法，
學習全球最權威的創意思考之道。

如果你迫不及待地想開始練習，
可直接跳過這個部分，從Part 3開始讀起。

Maria Birkholm Marcher的〈領帶〉(Tie)

「產生聯想」的相關研究

創意不外乎就是
在不同事件之間搭建橋梁。

——史提夫．賈伯斯

"Creativity is just connecting things."

Steve Jobs

理論基礎

在我們之前，已有許多人指出聯想與創意之間的關係。

廣告公司總裁詹姆斯・韋伯・揚（James Webb Young, 1886~1973）在1939年寫了一本《生產意念的技巧》（*A Technique for Producing Ideas*），在書中寫到：「靈感不過是舊元素的新組合，而以舊元素建構出新組合的能力，大多取決於發現關聯的能力。」

愛因斯坦在1945年寫了一封嘗試解釋「身爲科學家的自己如何思考」的信。他形容自己的創意思考是：一種以他能複製和組合的影像與符號，所進行的「相對模糊的遊戲」。他表示，「這種組合遊戲似乎就是生產性思考不可或缺的部分。」

1950年，澳洲動物病理學家貝弗里奇（W.I.B. Beveridge, 1908~2006）寫了一本以研究者爲目標讀者的《科學調查的藝術》（*The Art of Scientific Investigation*），在書中描述了自然科學突破性發現的樣貌。他寫道：「原創性通常來自連結原本沒被考慮過的點子。」

「聯想」在1960年代大放異采，當時的研究者、作家、科學家、社運人士與商務人士都不約而同地同意，聯想就是創意活動的核心。

從哈佛大學輟學並投身社會運動的知名美國民謠歌手彼特・席格（Pete Seeger, 1919~2014）曾說：「解決問題時，你常需要將兩種通常沒有關聯的事物聯想在一起。」他藉由將〈我們終將克服難關〉（We Shall Overcome）連結到民權運動，激勵了一整個世代的社運人士。談到自己如何寫歌時，他表示，創造歌曲的過程通常就是將已流傳數世紀的文字和音符做重組。

分合法

樂手將歌曲與社運做連結，創意研究者兼顧問喬治．普林斯（George Prince）和威廉．葛登（William Gordon）則著眼於聯想在商業用途上的價值。在研究生涯初期，兩人加入了理特管理顧問公司（Arthur D. Little）的發明設計小組進行創意實驗。他們是以錄影方式記錄集體腦力激盪會議的先驅，而且會耗費數小時來過濾影片，以尋找可能揭露與會者如何產生創意洞見的模式。

他們發現，可讓與會者產生有效聯想的，是他們打破依循既定規範、認知及期待的既有聯想能力。普林斯表示：「如同在量子科學中，一切創新都來自混沌。在混沌中，一切事物都沒有關聯，只有混亂，因此新的關聯得以出現。」但誰會邀請刻意製造混沌的創意顧問來參加商務會議呢？

最後，葛登找到了答案。他們以譬喻展開「心靈遠足」，刺激受試者擺脫習慣性的思考模式，帶領他們進行一場心靈探險，以「讓陌生的變得熟悉，讓熟悉的變得陌生」。普林斯解釋道：「我們利用『心靈遠足』，創造出一個『安全』的混沌。」他們將這種嶄新的問題解決法稱爲「分合法」（Synectics，又譯提喻法），原文源自希臘語，意爲結合不同且明顯不相關的事物。

分合法藉由製造與打破關聯來進行。分合法專家在協助解決洋芋片易碎問題時，可能會問包裝設計師：「洋芋片爲什麼像葉子？」他也會問：「人格爲什麼像雪花？」以刺激心理醫師的思考；或是藉由想像提出：「網路爲什麼宛如資訊的管路系統？」以激發電腦程式設計師尋找靈感。這類問題可將對方的心靈帶離熟悉的領域，開始尋找新的聯想，激發出新的點子。

遠距聯想

「聯想」在1960年代不僅被活用於街頭社運及商務會議室，在學術界的象牙塔裡也相當活躍。密西根大學心理系的研究家沙諾夫及瑪莎·梅尼克（Sarnoff and Martha Mednick）夫妻，當時也忙著測試一種激發他們稱爲“association”（關聯）的、以聯想爲基礎的嶄新創意理論。他們將創意思考定義爲「將相關元素進行重組，以符合特定要求或需要」。經過嚴謹的研究，梅尼克夫妻發現擁有高度創意的人比缺乏創意的人，更常做聯想性思考。1967年，沙諾夫如此描述他對高度創意思考者的研究結果：「他們能對不同領域的刺激做出更多聯想，而且在聯想方面有更大的耐力；他們產出點子的頻率較低，不像常人那麼迅速。此外，他們的點子較不尋常，也較不爲單一思路所限制，而且在不同情境下較能做出不同的聯想。」

梅尼克夫妻以這套創意理論，編制出實用性的「遠距聯想測驗」（Remote Associates Test, RAT）。這項測驗要求受測者想出一個可與題目所提供的三個字產生關聯的字，例如，題目裡的三個字若是“fountain, baking, pop”（噴泉、烘焙、流行），“soda”（蘇打）就是理想的答案。因爲將這三個字接上“soda”，便成爲“soda fountain”（汽水機）、“baking soda”（小蘇打粉）和“soda pop”（蘇打水）三個新詞。梅尼克夫妻相信，創意思考者能較輕鬆地做出這類連結，因此能獲得較高的分數。

他們的理論和研究確實是劃時代的創舉。但做爲創意能力的測驗，遠距聯想測驗的功能並不完整。它能篩選出文字能力強的創意思考者，但整體而言卻會遺漏掉視覺性或概念性思考能力較強的受測者。近年來，遠距聯想測驗已不再如以往受重視，神經科學家大多採用讓受測者躺進磁振造影機的測驗方式。即使如此，這還是可以當成一個有趣的文字遊戲。有興趣的話，不妨試試右頁的測驗題。

體驗遠距聯想測驗

梅尼克夫妻所發明的遠距聯想測驗，是以文字聯想為基礎。測驗方式是先提供三個字，讓受測者想出能分別與這三個字連結在一起的第四個字。假設題目是以下三個字：

Bird（鳥）　　Room（房間）　　Tub（桶子）

請想出一個能與這三個字連結在一起的字。

答案是"bath"（洗澡），因為它和這三個字連結就變成："birdbath"（水盆）、"bathroom"（浴室）和"bathtub"（浴盆）。第四個字接在前三個字的前或後都無所謂。

現在，請試試以下幾題：

1. Cottage（茅屋）　Swiss（瑞士）　Cake（蛋糕）

2. Rocking（搖擺）　Wheel（輪子）　High（高）

答案：1. Cheese（起司），2.Chair（椅子）

創意的骨幹，
就是以新穎的方式
將看似不同的元素連結起來。

——麥可・邁查克

"Associating seemingly disparate elements in new ways by finding a novel connection between them is the backbone of creativity."

Michael Michalko

《創新行為》

曾獲諾貝爾獎提名的作家亞瑟．柯斯勒（Arthur Koestler, 1905~1983），在1964年所著的《創新行爲》（*The Act of Creation*）中，針對人類的創意提出一套構思縝密的理論。他在檢證無數發明與發現的個案之後，得到一個結論：創意的本質就是產生聯想的行爲。他稱之爲「偶聯作用」（bisociation）——藉由比較、抽象化及分類，將兩個原本互不相關的元素結合在一起。

對柯斯勒而言，譬喻、隱喻、寓言、笑話、演戲、辨識和角色扮演，都可算是不同形式的「偶聯作用」，而偶聯作用就是創新的基礎。

智商 vs. 陶倫斯創造思考測驗

教育心理學家保羅．陶倫斯（E. Paul Torrance, 1915~2003）曾發表過將近兩千篇與創意相關的文章。他相信「創意」應該在教室裡被傳授，而且是一種被阿爾弗雷德．比奈（Alfred Binet, 1857~1911）的智商測驗所忽略的智慧能力。獨創性豈能用只有一個正確答案的測驗來評量？這種測驗完全無法度量出思考的流暢性（fluency）、變通性（flexibility）、獨特性（originality）與精巧性（elaboration）等創意相關的智能。有鑑於此，陶倫斯設計出一種測驗，以產出靈感、轉換觀點及產生奇特聯想爲得分基準。這項測驗裡不僅有文字性，也有視覺性和概念性的要素。

在整個1960年代裡，陶倫斯對許多學童進行這項測驗，並持續追蹤後續發展。他的研究小組曾在受測的22年後、40年後及50年後，再訪當年的學童，發現智商測驗在預測創意成就方面極不精準，而陶倫斯創造思考測驗（Torrance Test of Creative Thinking, TTCT）在預測受測者成年後的發明、發現與藝術成就的數量方面，要比智商測驗的準確度高出三倍。陶倫斯證明受測者創造出嶄新與實用作品的能力，並不等同於在智商測驗中找出正確答案的能力，而是等同於流暢性、變通性與獨創性思考的能力。他認爲，若教育的目標是培養出能在商務、科學、體育和藝術方面創新的人，就必須延伸他對智慧的觀點，並積極教授創意思考技能。陶倫斯相信，創意訓練能夠徹底改變人類的心靈，而神經科學家在四十年後證明了他的主張完全正確。

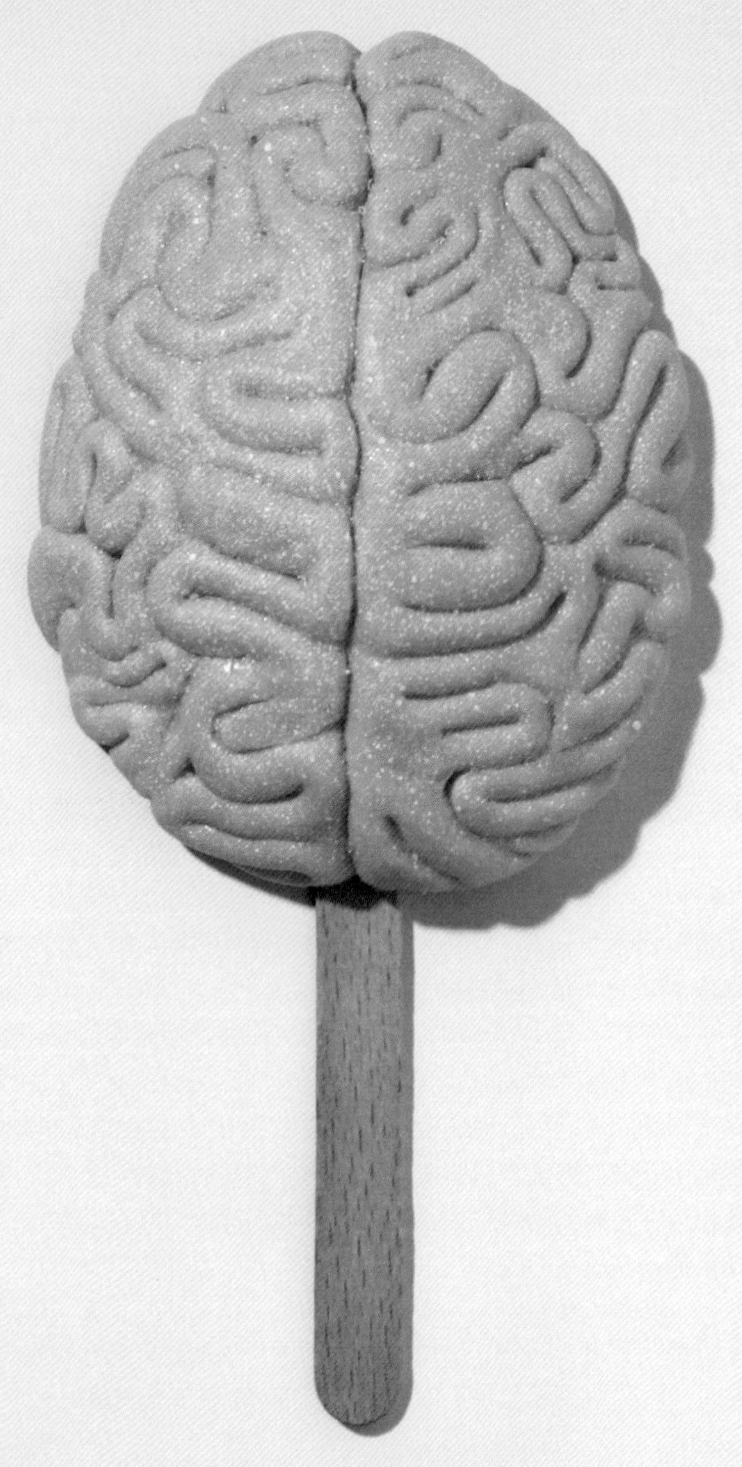

Jennifer Tonndorff的〈腦冰棒〉（Brain Freeze）

神經科學家

怎麼說

這些研究證實了聯想，
尤其是遠距聯想的重要性。

——凱斯．索耶

*"The importance of association,
and in particular, distant association,
is confirmed by these studies."*

Keith Sawyer

神經科學家這麼說

仔細瞧瞧你的大腦。在從事創意活動時，大腦會出現什麼變化呢？首先，整個大腦會「亮起來」。研究者已經否定創意僅來自大腦的特定部位；「創意並不僅侷限於大腦的某個區域。」創意研究專家凱斯・索耶（Keith Sawyer）在他對認知神經科學的理論性評估中，肯定了此一觀點：「而是透過複雜的神經元網絡點燃整個大腦。」

這表示創意思考是牽動整個大腦的活動。但科學家能不能找出創意與聯想之間的關聯？

創意研究學者科林・馬丁戴爾（Colin Martindale）在其著作《創意的生物學基礎》（*Biological Bases of Creativity*）中提到，靈感總是在一種「注意力失焦、思緒自由，且多種心智表徵同時啓動」的心理狀態下出現。意即，創意會在心智適合做聯想性思考，也就是能發現並產生聯想的時機浮現。廣泛研讀神經科學研究成果後，索耶也認同了這個觀點，表示：「這些研究證實了聯想，尤其是遠距聯想的重要性。」

由此可見，聯想是創意思考關鍵的觀點，並非只是想像。不過，創意思考者的大腦，是否真的與眾不同？

創意思考者的大腦

神經生物學家安德烈亞斯・芬克（Andreas Fink）提供了解答。他在研究中比較了創意思考者與普通人的腦部活動，發現兩者的額葉（frontal lobe）確實有差異。創意思考者的大腦皮質活化程度較低，使他們得以較自由地進行思考——他們的點子彷彿放鬆了警戒，與腦內的其他點子自由結合。創意思考者是偶然型的聯想者。他們能自然而然地做出常人意想不到的聯想，並提出看似瘋狂、有才氣、混亂、酷、顛覆傳統、令人噴飯、荒謬、古怪或富獨創性的點子。

常規思考者的大腦

相對的，常規思考者謹守心理界線，將資訊組織及歸類得有條有理。他們的大腦較守規矩，資訊都被儲存在適當的區域，靈感也不太容易迸出來。靈感是模糊的，而資訊是精準的。這一類人可能在自己所屬的領域裡是傲視全球的專家，但團隊裡若有任何成員鼓勵他們做自由聯想、擺脫框架或腦力激盪，大抵都不會有什麼結果。對他們而言，腦力激盪可能形同地獄。要想出新的組合或點子，對他們而言可能比登天還難，因爲他們的大腦並不擅長如此運作。與創意思考者相較，他們在心理上較習於嚴守限制。

打破心理限制

歷來總有專家提出一些企圖突破心理限制的策略。幾位澳洲發明家研發出一種將電流導入腦部的「思考帽」。英國研究者則宣稱喝一、兩杯啤酒能暫時提升創意商數。放諸歷史，作家、畫家、詩人及各領域的創意天才，已試遍從小睡到毒品等各種手段。但神經科學家試圖尋找更穩定的解決之道，爲此也採取了截然不同的方針。

芬克從頻頻做出新奇聯想、串聯與重組的高度創意思考者身上，發現較低程度的皮質活化與較強的 α 波活動。他發現，在需要更多創意的工作中，或是受測者的思考變得更具獨創性時，腦部的 α 波活動也會比較強。

他繼續跨出大一步。2006年，芬克與同儕葛拉布納（Grabner）、班內狄克（Benedek）及紐鮑爾（Neubauer），著手進行此領域的第一次神經科學研究，試圖判定創意訓練能否改變人的思考模式。半數受測者接受了擴散思考（divergent thinking）的訓練，另一半則無。訓練結束後，研究者真的發現並測量出受過訓練的受測者之 α 波活動有所增加，首度證實了創意訓練的確能改變腦部的運作，尤其是諸如文字聯想及寫作挑戰等（與聯想有關的活動），更有助於強化 α 波活動。這類活動能使人變得更富創意。然而，需要多久才能看出這兩群受測者的差異？只要兩個星期！

英國研究者近期發現，攝取適量酒精有助於提升創意思考。受近期研究結果的啓發，Crispin Porter + Bogusky廣告公司的哥本哈根分公司，創造出一種嶄新的創意啤酒，瓶身背面的標籤上印有喝多少便能達到何種效果的量表。

「常規」思考者如何思考

概念提供：朵特・尼爾森

高度創意思考者如何思考

概念提供：朵特・尼爾森

兩種思考者的腦內運作

透過認知神經科學的研究，我們知道「常規」思考者在思考時較爲拘謹，而高度創意思考者進行思考時，大腦則運作得較爲奔放。這是因爲高度創意思考者的前額葉能指揮腦內其他區域的元素做組合與重組。前兩頁的插畫，說明了我們的大腦在進行創意思考時，會是什麼樣的情況。

常規思考者腦內的圖書館員

假設你的大腦是一座爲創意思考提供資源的巨大圖書館，負責常規思考的服務台坐著一位圖書館員。你要求她幫你搜尋與「貓」有關的資料，她會彬彬有禮地告訴你，可以在百科全書上找「C」開頭的章節，但不會提供任何捷徑或替代方案。

創意思考者腦內的指揮家

在富創意者的腦內服務台，你看到的不是圖書館員，而是一位指揮家。他利用整座圖書館指揮思考的運作，盡可能利用每一個想像得到的資源，做出自由奔放的連結和天馬行空的聯想，而且一切都在同一時間進行。最後得到的結果不僅出人意料，較富獨創性的點子和不平凡的選項也一一浮現。

訓練你腦內的圖書館員

神經科學家帶來一則令人振奮的消息：經過訓練，你腦內的圖書館員可以變得較接近指揮家，幫助你探索腦內的圖書館中原本難以碰觸的資源。因此，未來需要跳出框架思考時，你可以召喚前額葉內的指揮家，爲你取出預藏的小號、墨西哥料理、火山活動、如何爲幼兒織襪或十八世紀水彩畫的相關資料，並按需要做出聯想。雖然我們無法改變自己的大腦，但只要經過訓練，便能將創意思考能力擴充到更高層級。

訓練你腦內的圖書館員

概念提供：朵特．尼爾森

Andreas Green Lorentzen的〈鳥屋〉(Birdhouse)

創意思考
速成課程

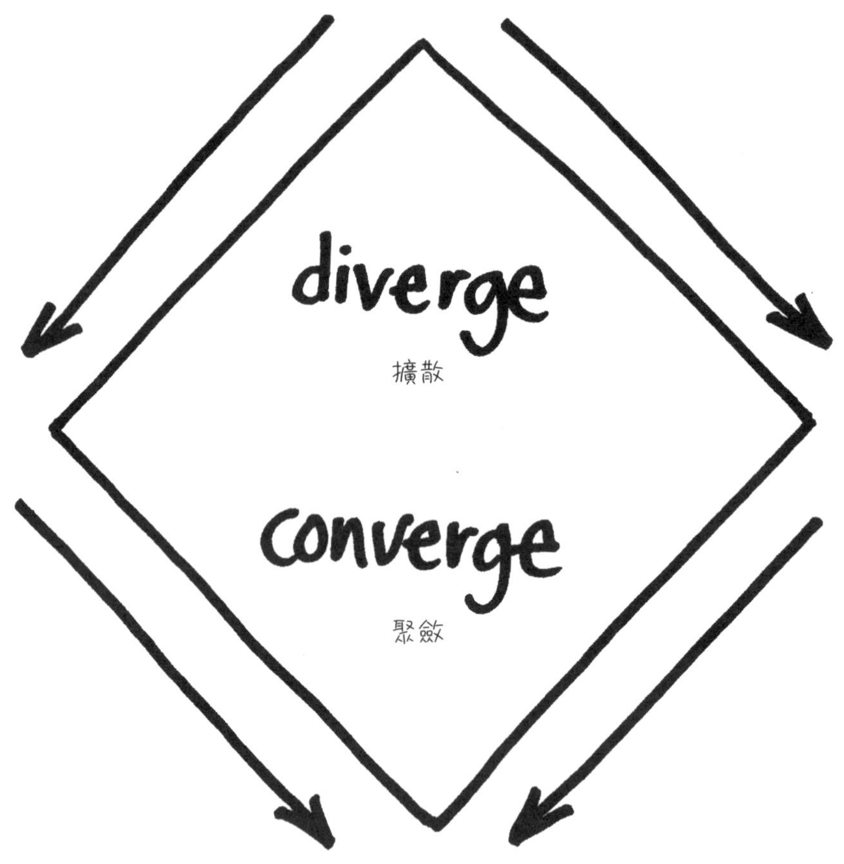

創意的心跳

需要學習創意思考時，就連簡單地區分擴散性（divergent）和聚斂性（convergent）思考，也能幫助你催生出更多和更好的點子。紐約州國際創意研習中心近年的“Bus Study”證實，只要先做擴散性思考，再做聚斂性思考，即使從未受過創意思考訓練的人，也能提出明顯較佳的解決方案。

創意思考的節奏

不管你是否認爲自己「有創意」，每個人其實都擁有創意思考的天賦。這裡有可預測的流程、可知的步驟，還有共通語言及準則，能幫助我們更有效地思考及合作。

如同心跳與呼吸，創意思考有其自然、自發性的節奏。它會擴張，也會收縮；我們會反射性地先開啓諸多可能性，再進行篩選。

心理學家基爾福（J. P. Guilford, 1897~1987）將此現象稱爲「擴散性」與「聚斂性」思考。他主張若要強化創造能力，必須清醒地將兩者做區隔。

以擴散性思考開啓諸多可能性

擴散性思考的目的是擴張，列出多種選項、結合點子、延伸出奔放且非尋常的可能性，但不要急著做決定。這階段所需要的是一種近乎夢境、遊戲的心態，以及不聚焦的注意力。

擴散性思考有如你站在冰箱前，考慮所有可以吃的選項，以及如何整合這些東西來當作午餐。

以聚斂性思考篩選出選項

聚斂性思考的目標是收縮，捨棄不符合目標的點子，並聚焦於少數符合目標的有效選項。進行聚斂性思考的訣竅，是仔細檢討留下的選擇，並留意不要捨棄所有新奇但可行的選項。

聚斂性思考有如你從冰箱裡拿出火腿和起司，加上看似不搭的芒果沙拉，然後關上冰箱。

在創意聯想中，擴散性思考是連結各種可能性的階段，而聚斂性思考則是將最有希望成功的可能性與目標做連結的階段。

擴散性與聚斂性思考是創意發想的心跳。它們有如陰與陽、佛瑞德與金格*。兩者若要共舞，必須合作無間，同時又要相互尊重、給予彼此空間。先擴散，再聚斂，才能確保創新思考的血液順暢流動。若一有靈感浮現就急於下判斷，可能會踩到嶄新聯想的腳。

為聯想創造環境

BBDO廣告公司中的“O”——艾力克斯·奧斯朋（Alex Osborn, 1888~1966）對自家公司的創意產出備感驕傲。他相信創意是可以被理解、被耕耘的。

奧斯朋仔細研究自己的創意團隊，並在1940年創造出「腦力激盪」（brainstorming）這個詞彙，適當地形容了BBDO創意團隊用於構思廣告文案或選舉口號的方法。他們匯聚及捨棄點子，大玩概念遊戲，並揶揄過於天馬行空的幼稚聯想。現場氣氛裡沒有苛刻的評斷，最好的靈感也不會立刻出現；它們通常是經歷許多嘲諷、萃取、誇大、聚焦後，才出現的產物。

最後推出的廣告大多看來輕鬆簡單、得來不費吹灰之力，彷彿某人在淋浴時突然喊一聲「啊哈」，點子就這麼來了。但它們其實是刻意且密集的擴散性思考下的產物。

不論你喜不喜歡腦力激盪，都要記得腦力激盪的重點——整體來說是擴散性思考——是提供足夠的時間讓你在「安全」的空間裡孕育靈感，以幫助你跳過太平凡無奇的點子，突破幼稚點子的界線，開始探索眞正獨創的聯想與靈感。

只要遵循擴散性思考的準則，你——不論是與團隊合作，還是獨自進行——就能達到這個目標。第一步，先不要急著下判斷，抗拒那個提出新想法以證明自己有多聰明的誘惑。給你的點子一個機會。別急著扼殺它，讓它延伸下去，利用它來構思新點子或產生新聯想。尋找新奇的點子。即使第一次停筆，也不要停止擴散。繼續擴散下去。點子要以量取勝，迸出的選項愈多，可能做出的聯想就愈多。

---

* 1986年由義大利名導費里尼執導的喜劇片《舞國》（*Ginger and Fred*）的兩位主角。

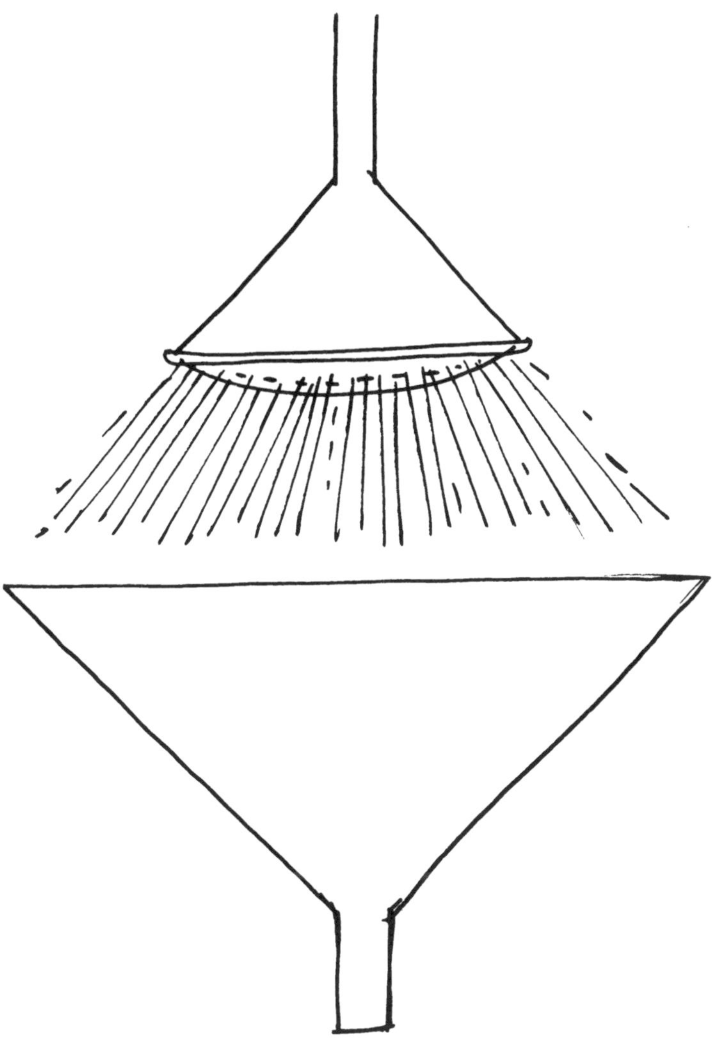

蓮蓬頭和漏斗

擴散性思考有如一個噴出點子的蓮蓬頭。若是水灑得太慢，你只能得到幾滴平凡的點子，這些不過是一般的嫌疑犯。把水量調大些，噴出來的點子更寬廣、更具探索價值，也更具獨創性。需要切換到聚斂性思考時，就該把蓮蓬頭換成漏斗，以去蕪存菁地留下最好的成果。

概念提供：朵特・尼爾森

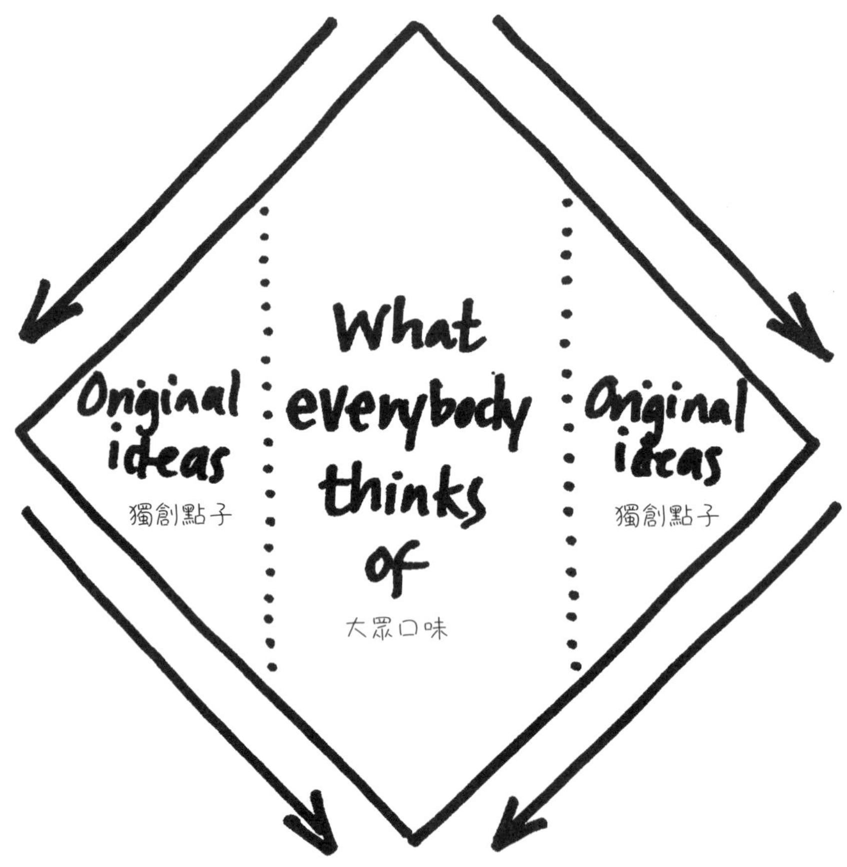

獨創點子

在上方的擴散性／聚斂性思考圖表中，可以看出獨創點子位居邊緣，平凡的點子則在正中央。當你試圖想出一個眞正獨創的點子時，通常需要努力讓自己遠離那些大家都想得到的點子。聯想法是一種技能，有助於讓自己抽離主流，並將思考導向更遙遠的聯想，以找到獨創點子。

圖示（上）與準則（P70~71），摘錄自普契歐（Gerard J. Puccio）、墨杜克（Mary C. Murdock）與曼斯（Marie Mance）合著的《創意領導：技巧驅動變革》（*Creative Leadership*）。

聚斂的勇氣

創意需要的不僅是擴散性思考，聚斂性思考也同樣重要。若做得不好，聚斂性思考就會變成：「就照我們去年的作法做吧。那次還算成功。」

在演化的過程中，人類成爲一種強烈渴求安全，並天生厭惡嘗試新事物的物種。因此，新的點子和聯想即使再好，也會遭到淘汰，除非你給它們機會。這就是聚斂性思考的任務。

必須具有創意性的勇氣，才能求得獨創新鮮、前所未有的選擇，而好的聚斂性選擇有可能改變整個世界；這就是爲什麼聚斂性思考有供人正確執行的準則。這準則的第一條是「保持肯定」，意思是聚焦在選擇你要些什麼（而非不要些什麼），並強調你喜歡些什麼（而非不喜歡些什麼）。第二條，了解你將選擇的選項不僅能讓你喜歡，也符合你對目標的要求。第三條，審慎檢視你的選擇。這是讓你把事情做對，而且能維持新奇度的機會。

富創意的解決方案必須既新奇又有價值。扼殺新奇度，便形同扼殺創意，以及所有創新的機會。

既相異又相同的思考模式

我們知道擴散性和聚斂性思考都是創意的重要組成部分，但它們是一對同床異夢的伴侶。心理學家發現有些人無法抗拒擴散性思考的誘惑，有些人則是偏好聚斂性思考。

問題就在於不同偏好的人可能會發生爭執。想像一組擴散性文案人員不斷拋出點子，而客戶雙手抱胸、雙唇緊抿地等著他們找出一條可行之道。前者可以「擴散」一整天，但後者必須等到聚斂性的決定出爐後，才能放下心來。

後頁的擴散性／聚斂性思考準則，可以幫助團隊協調思考，改善雙方的創意合作，並避免某些點子過早遭到刪除。即使你獨自工作，這些準則也同樣適用。

Guidelines for

Divergent thinking

擴散性思考準則

Defer judgment

不要急著做出決定

Strive for quantity

以量取勝

Make connections

產生聯想

Seek novelty

尋找新奇的點子

wild card: Allow for incubation.

百搭牌：熟慮

Guidelines for

Convergent thinking

聚斂性思考準則

Be affirmative

保持肯定

Check objectives

對照目標

Be deliberate

審慎檢視

Keep novelty alive

維持新奇度

聚斂

converge

Wild card: Allow for incubation.

百搭牌：熟慮

Sofie Engelbrecht Simonsen的〈靈感乍現〉（Sparkling Idea）

擴散性思考與領導能力

擴散性思考不僅有趣，也饒富探索精神，其中充滿了死胡同、煙幕彈，和永遠無法出頭的點子。倘若你認爲它不過是無謂的東拉西扯或無聊遊戲，不妨再多參考一些研究結果。

2002年，文森（Vincent）、德克爾（Decker）及孟佛德（Mumford）三位研究家嘗試以相關係數證明創意與領導能力是否相關，以及有著什麼樣的關聯。他們刻意挑選一批與我們文化價值中所認定的「創意」看似無關的領導階層受測者，也就是部隊軍官，並對他們在挑戰軍事課題時的反應進行分析，結果令人吃驚。

起初，研究者認爲領導能力與經驗及智能（各類型的IQ）有直接關聯，但卻發現優秀的領導者其實是找到最佳解決方案的人。就是這麼簡單。大家會用腳步來投票，而最好的解決方案，就能吸引最多人追隨。

好點子從哪裡來？經驗？智慧？答案保證出乎大家意料：根據數據分析，好點子來自擴散性思考，需要的是具流暢性、變通性、獨創性的思考能力，探索前人未曾嘗試、未曾評價、未曾測試的選項之能力，也就是我們在本書中討論的能力。

數據顯示，優秀領導者源自優秀的解決方案，優秀的解決方案源自優秀的點子，而優秀的點子源自擴散性思考。那麼經驗和智慧上哪兒去了？它們依然重要，但直接輔助的是擴散性思考，而不是領導能力。

Part 3

提升你的
先天創意能力

現在你可以捲起袖子，開始訓練發現及產生聯想的能力。先以幾個入門練習在心裡打好底，再挑戰21項有助於提升先天創意能力的練習。

朵特・尼爾森的攝影作品。

訓練發現
關聯的能力

創意可以教嗎？

教授創意課程近二十年後，保羅·陶倫斯對於「創意不能教」的普遍看法感到厭煩，便決定直接挑戰這個問題。為此，他盡可能找出質問「創意可以教嗎？」的學術研究報告，進行了綜合分析。

研究了142項創意訓練效果的相關研究（其中有許多以他的陶倫斯創造思考測驗為工具）後，他在1972年做出了結論：「看來創意一定是可以教的。」

整體結果顯示，創意訓練對擴散性思考測驗的表現有所提升，而且收穫相當顯著；尤其是在獨創性方面。

提升創意水準

1984年，研究家蘿拉·霍爾·羅斯（Laura Hall Rose）及林幸台（Hsin-tai Lin）又進行了一次綜合分析，來評量創意訓練對擴散性思考測驗分數的影響。他們發現某些訓練課程較其他的更為有效，但就整體而言，他們的結論是：

「創意思考是一種可藉由各種教育方法來發展的技能，而某些人在這方面擁有高於其他人的天賦。創意的這種兩面性並非與人類發展相互矛盾，而是對個體發展潛力的彈性與延展性的肯定。教育及訓練的刺激，有助於個體與生俱來的創意思考能力滋長茁壯。」

每個人天生都擁有不同程度的創意能力。但不論此天賦是高是低，透過訓練都可以提升此天賦的水準。即使創意訓練無法保證創意產出，但應該有助於增加產出的機率。

培養創意聯想力

訓練聯想力，也有助於擴展與生俱來的創意天賦。它能幫助你學會用高度創意思考者的方式去思考。

聯想力能改變你的大腦。以下就是陶倫斯在他的測驗裡，所評量的流暢性、變通性、獨創性與精巧性四種基本創意性質上，會出現的改變。

創意流暢性

藉由結合想法與點子的訓練，你將自然而然地提升自己的靈感產出率。研究結果顯示，獲得偉大靈感的最好方法，就是先產出一大堆點子。這個方法有助於做到這一點。

創意變通性

你將學會能幫助自己轉換思路的不尋常聯想、嘗試新路線、參考新資料，並擁抱新策略。

創意獨特性

你將學會如何找到出人意料的靈感來源。而這將幫助你獲得從未有人想到的點子。

創意精巧性

利用你剛學會的流暢性、變通性與獨創性技能，獲得穩定的點子產出，便能將點子的雛型加以潤色、修飾和優化。

訓練你的大腦有意識地產生聯想，也等同於授權它在潛意識中產生聯想。這將使你成爲一個更富創意的思考者。

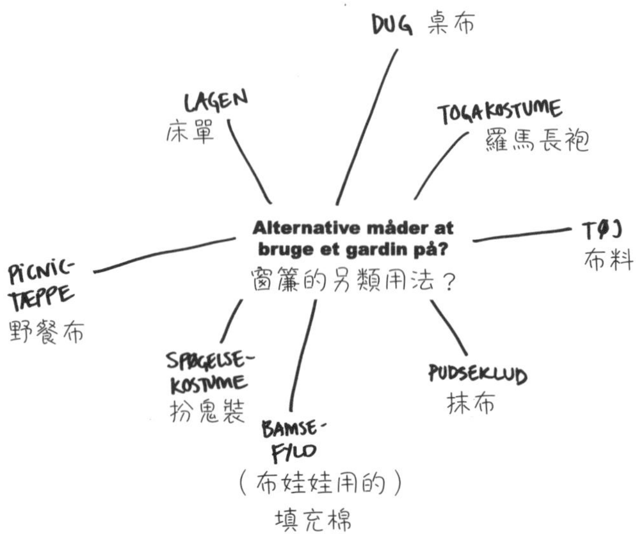

在爲期三週的創意聯想課程後，這位丹麥學生在同類型的測驗中，提出了比訓練前多三倍的點子。

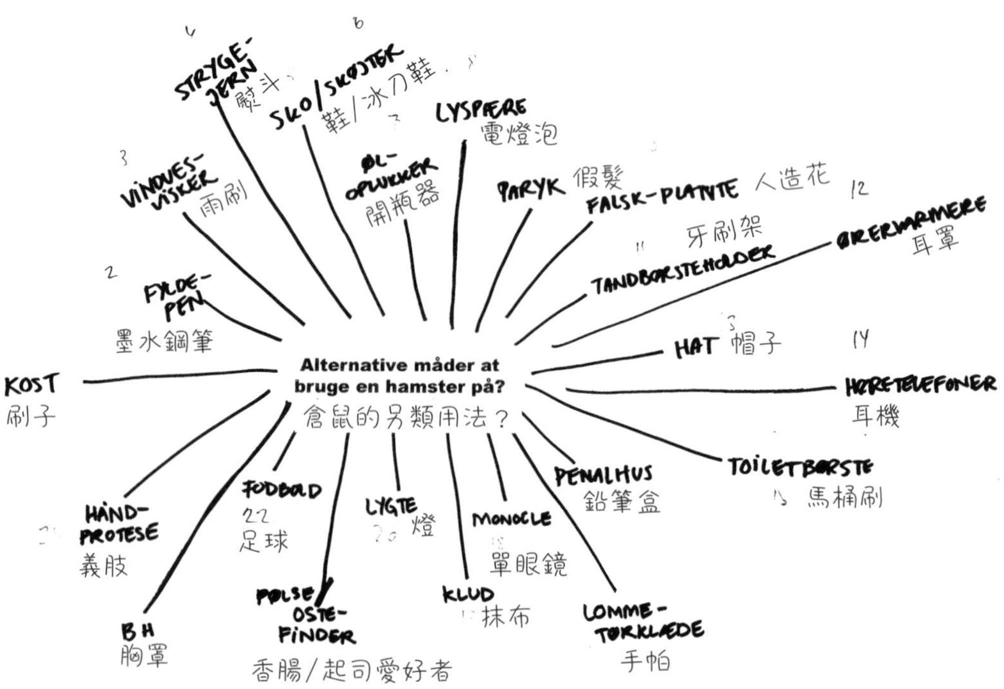

1001個點子密集課程

丹麥媒體與新聞學校的創意溝通系（Creative Communications）是爲期三學年的學士學位科系，教學內容爲傳達與概念性思考。在第一學年中，學生會經歷一場爲期三週、名爲「1001個點子」（1001 ideas）的密集課程。本質上，這是教授如何發現與產生聯想的創意聯想訓練營，學生們的點子產出將從這個課程開始起飛。

課程之前與之後

課程以一場前測測驗開始，學生被要求列出某個熟悉的生活用品之不同用途。在三週課程接近尾聲時，大多數學生的點子產出量都增加至兩倍，甚至三倍，而學生自己也能意識到此一改變。他們被要求在自我評量中，爲自己的創意思考能力的擴展打分數。毫無例外的，每位學生的分數都有所提升，就連最天賦異稟的點子大師都認爲這個訓練的確有幫助。他們認爲反覆的聯想訓練，能幫助他們觀察自己腦內的創意能力如何運作。在接下來的課程中，他們已經學會如何在需要時召喚出自己的創意，因爲聯想能力能幫助他們在任何時間、任何地點找到靈感。

學生們在自我評量中標示出創意思考能力的提升。

事前準備

你已經當夠了創意聯想的旁觀者吧？現在，應該要開始自己產出聯想了。要記得，你正在培養一種技能，而培養技能需要時間。必須要有耐心，並且堅持到底。做完本書中的所有練習後，你將開始在自己周遭發現更多聯想，並在聯想中找到靈感。只要肯努力，再加上一點點運氣，你的聯想將引領你孕育出嶄新的點子、靈巧的發明，以及個人的突破。

聯想筆記本

在正式開始前，我們建議你準備一本專屬的「聯想筆記本」。你將以這本筆記本來收集想法、概念、觀察結果及新的聯想。它能讓你張貼富啓發性的圖片、寫下你的反應及「啊哈」、記錄下進步的跡象，而且還方便你寫下一章中的挑戰與練習的答案。我們建議你使用空白無線的筆記本，而且頁面最好大到便於素描或書寫，但又袖珍到便於攜帶。

啓航前的三個挑戰

創意聯想訓練營的21項練習將每天提供你迅速聯想的機會。不過，在正式開始前，你必須完成以下三個挑戰。

挑戰1：散步
挑戰2：有目的的散步
挑戰3：靈感來源

這些挑戰所需要的時間將比創意聯想訓練營每日練習多一些。它們將幫助你進一步做好產生聯想的心理準備。不妨將它們視為大腦進行事前整理的灌頂儀式。

米凱爾．莫勒的〈小精靈〉（Pacman）

如何尋找關聯

尋找關聯是一種思維模式，一種觀察世界的方法，同時也是一種可藉由訓練而獲得的能力。一旦開始專注地進行聯想，聯想就會從四面八方泉湧而來。有些可能理所當然，但有些可能出人意料。

掌握到訣竅後，你將能輕而易舉地看見小貓和信箱、天花板吊扇和空手道劈砍之間，有著什麼樣的關聯。而這些受到各種新鮮、有趣的刺激所啓發的聯想，將幫助你提升解決問題所需的洞察力。

單純的觀看並不能產生創意聯想。唯有用心觀察，創意聯想才會出現。觀看是消極行為，大腦形同被打入空檔。但觀察是積極行為，唯有在你腦海裡的所有齒輪運轉起來時才會發生。不妨回想一下，前文中畢卡索在腳踏車椅墊上看到牛頭，以及攝影大師艾略特・厄威特在兩顆瓠瓜上看到女性身體特徵的案例。

創意豐富的人看得到大家都在看些什麼，但由於他們能以不同的方式將點連成線，因此會創造出截然不同的東西。

聯想標示出創意概念出現的時間點。它們會在你突然將自己腦子裡的知識、觀察與經驗，以創新方式連結在一起時出現。吸收的知識愈廣泛，產生的聯想就愈獨特。這就是為什麼許多創意思考者以閱讀、旅行、冒險，以及來自古怪地方或奇異出處的刺激，來填滿自己的大腦。這些都有助於促成新奇的聯想。

米凱爾・莫勒是個搭火車通勤的學生，每天都會站在標示火車停車處的點線後方。大多數人不會留意，但米凱爾從中產生了一個聯想。有一天，他在點線末端畫上一個小精靈的大嘴。從那天起，每個人都面帶微笑搭車，因為米凱爾以這個創新的方式連結了這些點。

朵特・尼爾森的〈冬日觀察〉（Winter Observation）

在散步中觀察

國家地理雜誌攝影師杜威・瓊斯（Dewitt Jones）曾以一句話點出觀察的訣竅：「從平凡中找出非凡。」

找出非凡的能力，是可以透過訓練來培養的。當然，你必須挪出一些時間來獨處。第一步就是成爲一個更好的觀察者。

優秀的觀察者懂得留意細節。當你走到平常會快速走過的地方時，試著放慢腳步，留意周遭。

靜下心來嗅嗅玫瑰花香，接著再仔細端詳它們的花瓣、莖刺及葉子邊緣。從玫瑰花上找出讓你感到驚奇、未曾留意過的地方。它的莖刺是不是像利齒？像不像清指甲用的嵌甲棒，或是像幫助鞋子在冰上行走的止滑釘？

高度創意思考者就是這麼思考的。他們極擅長聯想。

換一雙眼睛看世界。多出去散散步。放眼觀察。觀察得愈多，做起來就會更容易。突然之間，樹的殘根就會在你眼裡化爲黑武士。

這種觀察世界的方法，就是訓練聯想能力的基礎。試著將它培養成一個每日或每週進行的習慣，挪出一點時間獨自散步，盡情觀察。

課題1：
散步

從愛因斯坦到愛默生，偉大的思想家對散步的功效都深信不疑。美國作家格蕾特爾・埃利希（Gretel Ehrlich）曾寫道：「散步既是身體的移動，也是一種心理的移動。」不過，我們現在不只是要你出門走走，而是來一趟試著以不同角度看世界的散步。

散步的注意事項

- 攜帶筆記本和照相機。
- 觀察各種東西，它們看起來像什麼，或是能將它們看成什麼。
- 拍下能刺激你想像力的物體和景觀。
- 試著提出創新的組合與聯想。
- 記下至少十個點子。（例如：如何將一條排水管改造成停機棚，或將一台割草機改造成珠寶盒等等。）

建議

這必須獨自進行。給自己相當長度的時間（60至90分鐘）。專注地在觀察平凡事物時找出新特點，並尋找點子。在進行的同時，不可順便買菜、遛狗，或是打電話和他人聊天。把這段時間留給自己，獨自思考。

附加活動

選出你在散步途中所拍攝的一張照片，以你所看到的影像和你所創造的新觀點，構思出一系列「聯想前」、「聯想後」的影像對比。

右頁就是Louise Arve在散步過程中看到老水管時，聯想到馬蹄的創意成果。

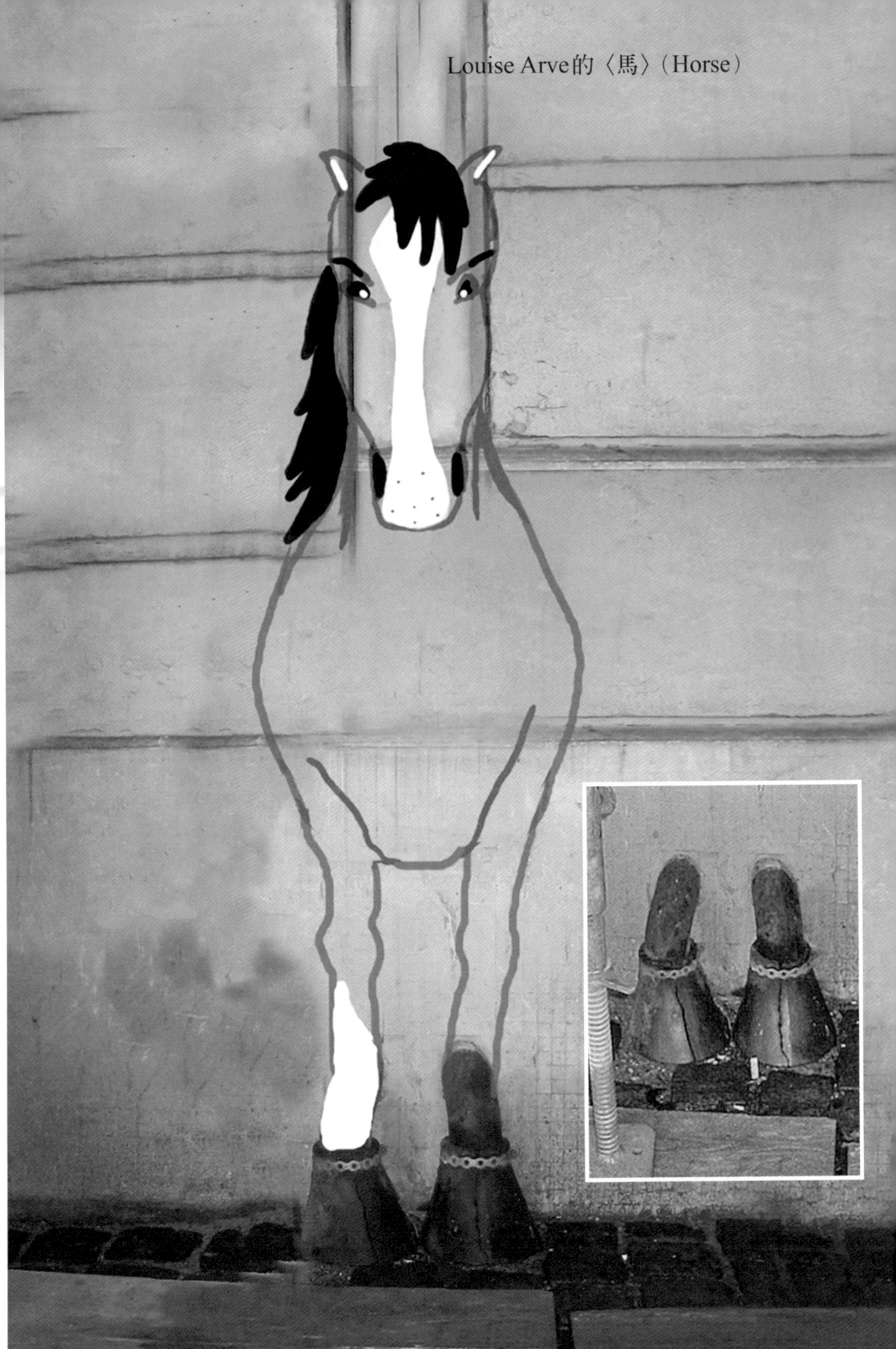

Louise Arve的〈馬〉（Horse）

Simone Wärme的
〈幫手〉(Helping Hands)

從觀察中獲得靈感

只要多加練習，對周遭世界的觀察便會成爲持續性的靈感來源。但除此之外，還有其他可供尋找靈感的場所。「難題」就是靈感來源較豐富的其中一處。

生活中的小難題

日常生活中的小難題不僅是抱怨的理由，也有可能是發明之母；「難題」其實是蘊藏珍寶的金礦。諸如肥皀水滲入眼裡、垃圾袋被撐破，或手指被槌子敲到等難題，都是可供創意聯想盡情發揮的絕佳遊樂場。

第四代三明治伯爵約翰．孟塔古（John Montagu, 1718~1792）酷愛打牌，但若是邊吃東西邊打牌，紙牌會沾到油膩的肉汁。他聰明地聯想到，麵包不就是最理想的吸油紙嗎？因此，他命令僕人把肉夾在兩塊麵包之間送上來。很快的，其他牌友也開始享用同樣的餐點。下回吃三明治時，別忘了爲這個偉大的發明向伯爵道個謝。

創意大師席德．帕尼斯（Sid Parnes）發現，大家之所以沒能將難題視爲發揮創意的機會，乃是因爲我們受限於自己對難題的看法。遇到難題時，我們習慣性地抱怨。「我的狗有跳蚤」、「我的孩子太愛看電視」。帕尼斯認爲，把話倒過來說，便可以解決問題。說得更明確點，就是把難題說成一個沒有特定答案的問題，便能刺激大腦產生創新的聯想。他的魔術句型就是「我要如何……」:「我要如何去除狗身上的跳蚤？」、「我要如何鼓勵孩子少看電視？」這時，心靈會豁然開展，開始尋找各種關聯。

下回你從食品雜貨店騎車回家，並自問：「我要如何才能多一雙手」時，不妨考慮像Simone Wärme一樣，自己發明一雙。

爲了解決一個生活中的小難題，Sebastian Risom Drejer設計了這個新工具：一個幫助你避免被槌子槌到手指的鐵釘固定器。

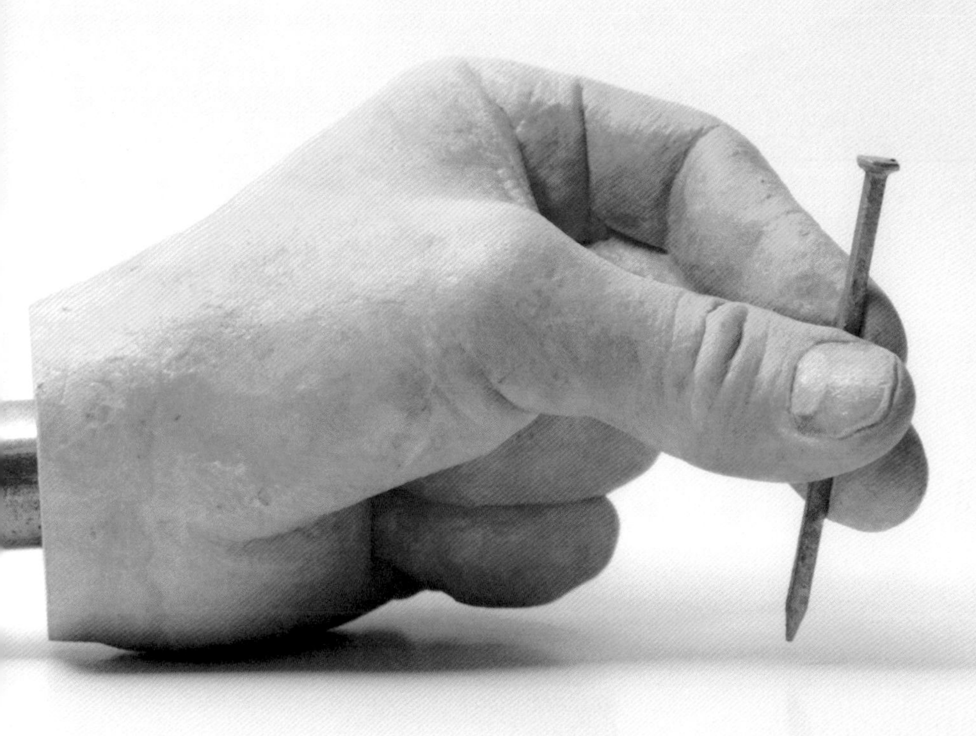

當米凱爾．莫勒將鉛筆削下的木屑化爲創意溝通系的聖誕卡時，一個敏銳的觀察結果就變成了高明的解決方案。

課題 2：
有目標的散步

一旦學會爲了樂趣而進行聯想，就代表你已經能夠跨出下一步，發揮這個剛掌握到的技能。一開始，可以利用聯想能力來解決難題和挑戰課題。

化觀察為靈感

下回散步時，記得帶著「挑戰課題」同行。這回的創意聯想，可能爲你帶來前所未料的洞見、點子、新觀點，和可行的解決方案。

只要打開你的創意聯想開關，專注地就一件日常生活用品進行聯想，問自己：「這個東西能給我哪些有助於解決挑戰課題的點子？」

讓觀察刺激你的大腦，列出這個東西的種種特徵。例如，看到一座消防栓時，可以列出的特徵爲：矮短、牢固、堅硬、緊急狀況時能派上用場、不可以把車子停在它旁邊、狗會朝它灑尿。這些特徵中的任何一個，都能激發出幫助你解決手上挑戰課題的聯想。

這個隨機聯想的方法是一種傳統的創意工具，有時也被稱爲「強制關聯法」（Forced Connections）或「隨機輸入」（Random Input），它也是高度創意思考者所熟悉的技巧。在《啓發》（*Inspired*）一書的訪談中，服裝設計大師保羅．史密斯（Paul Smith）提到：「靈感源自觀察。我從觀察錯置的事物中汲取靈感，例如一輛停在十四世紀修道院前的法拉利，兩者之間的衝突可能成爲結合牛仔襯衫和羊毛絨西裝外套，或爲古典環境添加一張摩登座椅的靈感。

我試著在你不期待能產生
任何啟發的地方尋找靈感。
需要製作一部短片時，
我不會去看其他影片，
而會去觀察大眾運輸或藝術。

——羅伯．威格曼斯，建築大師

"I try to look for inspiration where you wouldn't necessarily expect to find it. If I have a brief for a film, I don't go and look at other films, but at public transport or art."

Rob Wagemans, Architect

跨領域尋找靈感

創意豐富的人必須確保自己的創意源源不絕。在生涯初期，他們會自然而然地觀察其他同業。畫家會參加畫展的開幕酒會、作家會勤讀小說、建築師會環遊世界尋找美麗的建築。身處學習階段，在最優秀的同業身上尋找啓發，本來就合乎常理，因爲必須先理解業界的規範和文化模式。但有一點務必要提防：如果將自己領域中的優良成就視爲唯一的靈感來源，你就只能和大家在同一座聯想資料庫中尋找大同小異的靈感。

要追求獨創性，就必須在了解該領域的基本模式後，打破規則。

專業創意人士都知道這一點。需要引爆眞正獨創的點子時，他們會跨出自己的領域尋找靈感。這時，自己的領域範圍之外的人、事、物或文化，就成爲他們的創意靈感來源。

「我試著在你不期待能產生任何啓發的地方尋找靈感。」建築大師羅伯．威格曼斯（Rob Wagemans）在《啓發》一書的訪談中表示：「需要製作一部短片時，我不會去看其他影片，而會去觀察大衆運輸或藝術。」

能掌握聯想能力的專業創意人士，擁有在任何事物中找到靈感的自信。他們以激發靈感來維持創意的新鮮度。不懂得這個道理的專業創意人士，通常得在掩飾焦慮中過活。必須不斷從大腦中拉出創意點子的壓力，會讓他們活在創意隨時可能中斷或枯竭的恐懼中。

了解你其實擁有無限的靈感來源，代表你在創意相關工作上的職責就是打造自己的聯想產生器。一旦學會聯想，你唯一欠缺的就是下一個引爆點。從此，世間萬物都將變得唾手可得，而你也將變得無所不能。

在一座環保雨水
儲存裝置的啓發下，
August Laustsen創造出
自己的個人雨水儲存器。

課題3：靈感的來源

靈感來自觀察、難題及其他無數來源。每個人都從不同的地方獲得靈感。

什麼能帶給你啓發？只要注意自己迸出點子時會發生什麼事，同樣的驚喜就很可能再度出現。你的靈感來自何方？藝術？音樂？大自然？機器零件？布料？建築？新鮮食材？幾乎每件事物都可能激發出創意聯想。多年來，我們發現必須要求大家鑽研這個問題，因爲這能幫助你自由進出自己獨有的靈感來源。

1. 回想自己的某件作品，再回想當時是受了什麼東西的啓發。
2. 拍下或畫下你的作品與靈感來源。
3. 將兩張照片或素描並排貼在一張白紙（或你的聯想筆記本）上。靈感來源在左邊，作品在右邊。
4. 在圖片下方簡短地寫下你創作這個作品時曾發生過什麼事。當時你是否曾看到某個東西，讓你突然聯想到另一個東西？把經過寫下來。

一切事物都可能
爲你帶來靈感。

——保羅．史密斯，服裝設計大師

"You can find inspiration in everything."

Paul Smith, fashion designer

受到《星際大戰》的啓發，Kasper Dohlmann將朋友家廚房的日光燈改造成一支光劍。他在牆上畫了一個尤達，以達成這個效果。

芭蕾舞者的優雅動作啓發了Line Schou的新設計作品。她將舞者的動作描下來，創造出圖中的字體。

Jeppe Vidstrup Nielsen的〈危險點子〉（Dangerous Idea）

創意聯想
訓練營

歡迎來到創意聯想訓練營

歡迎來到創意聯想訓練營！接下來的21項練習將幫助你提升自己的聯想能力。但光是閱讀這些訓練內容，就和坐在沙發上看健身影片差不多。你可能會覺得有趣，但不會有多少效果。

快速翻閱這些練習（你可以這麼做），你將看到1至21的編號，每項訓練前還有個小小的圖案，以及預估的所需時間。

有些訓練看起來和其他項目大同小異，而它們的確相似。和其他類型的訓練一樣，在這個訓練中你也必須反覆練習，才能得到最大的效果。因此，你將經歷的是幫助你保持最佳狀態的大量視覺性、文字性和概念性訓練。

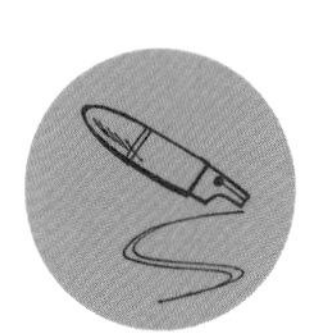

文字性訓練

某些訓練要求你從文字敘述或文字遊戲中找出文字性的關聯。若文字不是你的強項，無須擔心。重要的不是文筆，而是聯想。

視覺性訓練

同樣的道理，即使你不是繪畫高手，只會畫火柴棒人，只要願意試著畫畫看，也能完成視覺性訓練。這能幫助你進入不同的思考邏輯，催生出新的想法與聯想。

概念性訓練

這部分的訓練聚焦於點子、想法和概念性思考。

這個創意聯想訓練營為期三週，一天一項地逐日進行21項訓練。

每項訓練所需的時間大致為10至15分鐘。務必保持耐心慢慢做。你必須要求自己的大腦以截然不同的方式思考。這些訓練將重新啓動你的聯想能力，讓你從頭到尾都能產生聯想。

若有某項訓練讓你感到有趣，無須擔心時間限制，想做多久就做多久。

如果你還沒有準備，現在就該為自己張羅一本「聯想筆記本」，以便隨時記錄並蒐集你的反應。任何形式的筆記本都行。

這些訓練的目標，並不是在每一項訓練中追求最優秀、最具獨創性的點子，而是訓練你的大腦產生更多聯想。只要經過訓練和一點點的練習，將讓你能更容易地產出優秀又獨創的點子。

替代方案

雖然我們建議在三週內每天做一項訓練，但你可以選擇任何適合自己的方式來進行。不論是依序或不依序、一週一項或每日一項、週一至週五每天提早起床15分鐘做一項，或是每個週末各做五項，全都沒問題，只要確保自己做訓練即可。

還記得神經科學家發現了什麼嗎？這類擴散性訓練可以在短短兩週內改變人類的腦部活動。我們為你提供了21天份的訓練，給你足夠的時間改變思考方式，甚至思考習慣。我們的目標是將流暢性、變通性、獨特性和精巧性，嵌入你的日常思考中，而這些訓練保證將會改變你的思考。

NIKE
AIR MAX

訓練1：物品的另類用途A

10~15分鐘

思考一件物品有哪些其他用途，有助於訓練你產生新的聯想。藉由要求你跨出這件物品原本的屬性，想像它在其他情境中的使用法，可以使你的思考變得更有彈性。

試著盡可能想出古怪的用途。謹記，幽默就是創意中最精采的文思。

花整整三分鐘，對每件物品進行思考。針對以下四件物品，盡可能寫下最多的另類用途：

鍋蓋

腳踏車輪

番茄醬的空瓶

蠟燭

有些研究者將發現另類用途的能力，視爲創意能力的指標。訓練得愈勤，就愈能想出另類用途。隨時進行這項訓練，以便在創意聯想訓練營結束時，檢討自己的進步幅度。

◀左頁上圖爲Sune Overby Sørensen想到的棺材另類用途。
左頁下圖中極具實用性的假骨頭另類用途，則是Camilla Berlick的傑作。

我從未發明過任何東西。
不過是將其他人的發明成果
結合成一輛汽車而已。

——亨利・福特

"I invented nothing new.
I simply combined
the inventions of others into a car."

Henry Ford

訓練2：
重組腳踏車零件

10～15分鐘

畢卡索看到腳踏車時，想到了一頭牛。而通常我們看到腳踏車時，想到的還是腳踏車。

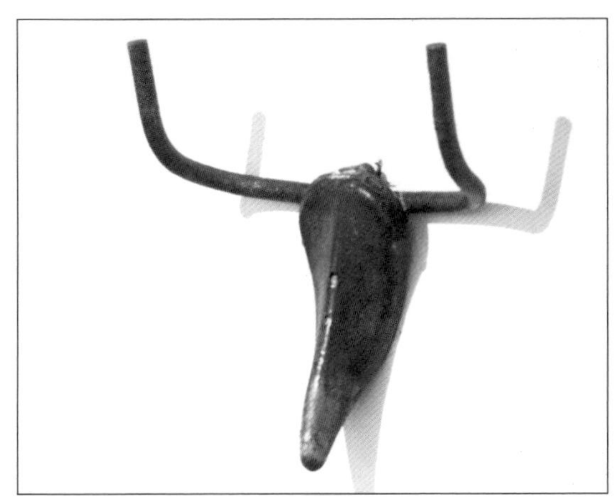

這項訓練的目標，是在看到一輛腳踏車時，不要只想到「腳踏車」，而是盡可能聯想到更多其他事物。

1. 另類用途：在下一頁，你將看到各種腳踏車零件。以足夠的時間一一過目後，針對每個零件盡可能地寫下最多的另類用途、創新發想或藝術性的創意。
2. 新組合：接下來，針對腳踏車上的各個零件，想像出不同的組合，創造出更多新東西。

謹記，你並不是在嘗試解決難題，而是試圖以不同的方式來觀察既有事物，以創造出新的東西。

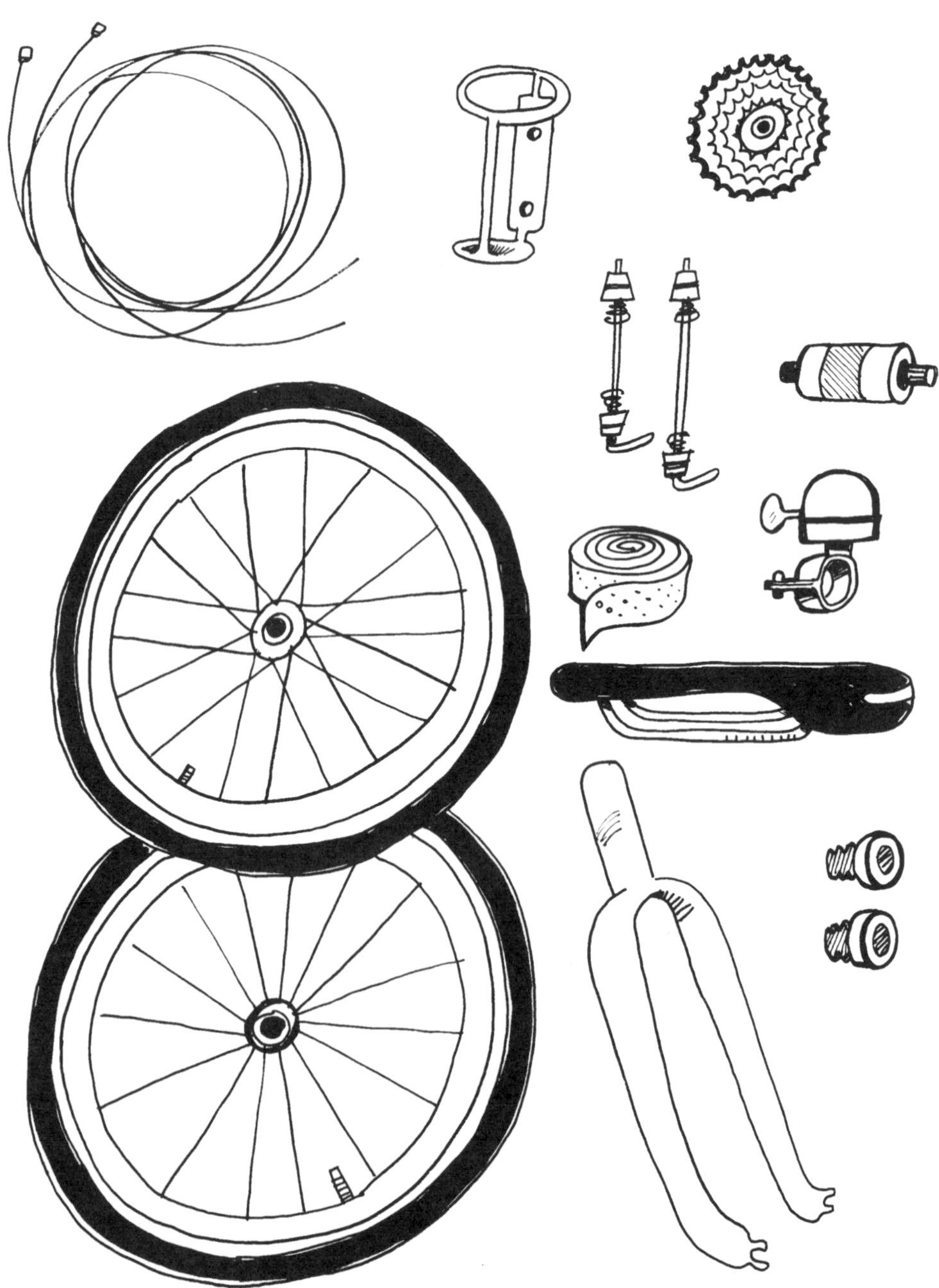

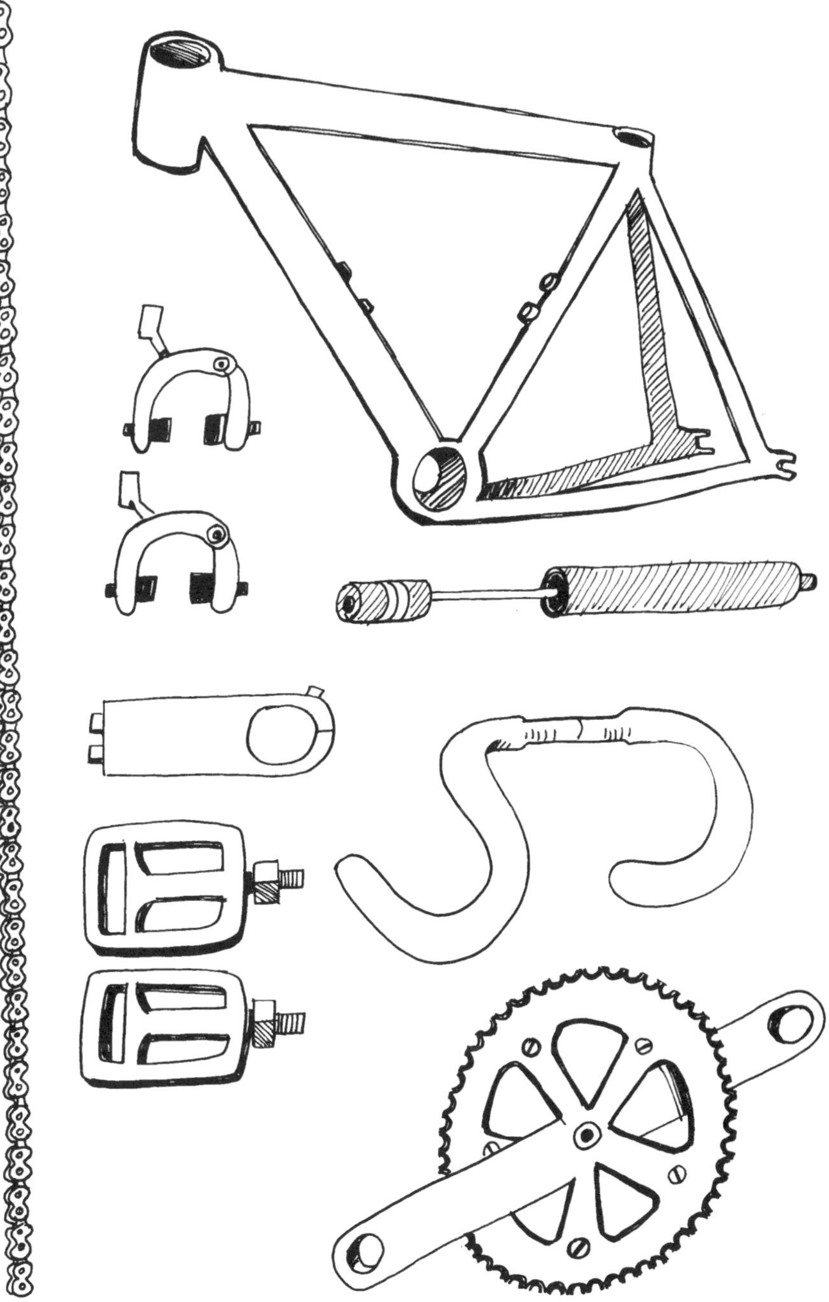

上圖爲此訓練的執行方式之範例。

訓練3：
視覺性聯想A

10~15分鐘

將以下的格子當成一個圖像化的乘法表。仔細想想空格裡該填上什麼，才能將兩側的圖像連結起來。畫出你的答案，不要擔心畫得不夠好，想到什麼就畫出來！

依紙張大小調整尺寸，影印這份空白表格。

訓練4：
視覺性聯想B

10~15分鐘

再做一次同樣的訓練（你會愈來愈厲害）。這回的提示以文字取代圖像。在空格中填入可連結兩側詞彙的答案。

?	Book 書	Shoe 鞋
Dog 狗		
Worm 蟲		
Key 鑰匙		

乳牛加彈跳床，
答案是什麼？

What do you get if you cross a cow with a trampoline?

訓練5：「A＋B會變成什麼？」的笑話聯想

10~15分鐘

爲什麼需要笑話？因爲這種特定類型的笑話，是以聯想爲基礎。

- A加B等於什麼？
- A和B有哪些差異？
- A和B有哪些共通點？

這之所以引人發噱，是因爲這些聯想無論如何都是錯誤的。它們一定會是諷刺、荒謬，而且完全出人意料的。

起先，這些笑點聽起來令人難以體會，但只要注意觀察這些聯想的運作方式，你的大腦就能開始掌握訣竅，也就是找出每個事物的特徵，並藉由交叉連結，創造出人意料的奇妙聯想。

例如，「鯊魚加鸚鵡，答案是什麼？」鯊魚的特徵之一，是會咬斷獵物的肢體。鸚鵡的特徵之一，則是會說話。將這兩個特徵連結起來，得到的答案就是：一隻會和你咬耳朵的鳥。只要加上會咬人的鯊魚，「咬耳朵」這句俗語就成了荒謬的笑點。

這些訓練就是讓你產生聯想的跳板。首先，先把它們看過一遍，猜出每個玩笑的答案。即使沒猜中，也不妨花一分鐘從各個元素中找出能讓笑話成立的特徵，接著再花點時間寫出一些自己獨創的玩笑。只要能破解箇中密碼，接連迸出的聯想保證將使你應接不暇。

兩者加起來，答案是什麼？

1.「乳牛」加「彈跳床」，答案是什麼？

2.「漢堡」加「電腦」，答案是什麼？

3.「鸚鵡」加「蜈蚣」，答案是什麼？

4.「惡魔」加「溜冰鞋」，答案是什麼？

5.「天才」加「雞」，答案是什麼？

6.「公牛」加「麵包師傅」，答案是什麼？

7.“Fido”加「蚊子咬傷」，答案是什麼？

8.「律師」加「土撥鼠」，答案是什麼？

9.「魔法師」加「撒哈拉沙漠」，答案是什麼？

10.「(紐約的）第五大道」加「貴賓狗」，答案是什麼？

現在試著寫下幾則獨創的笑話。

__________ 加 __________，答案是什麼？

◀左頁上圖：Lea Brisell的〈啄木鳥〉（Woodpecker）
左頁下圖：Camilla Søholt Larsen的〈連體拖鞋〉（Tandem Slippers）

建議

每個問題都不會只有一個答案，但以下是一些答案該到何處找的建議。或許你有更好的、不同的建議？

1. 奶昔（A milkshake）
2. 大麥克（A big Mac）
3. 對講機（A walkie-talkie）
4. 地獄之輪（*Hell on Wheels*，美國影集）
5. 家禽心態（A fowl mind）
6. 乳牛派（A cow pie）
7. 婊子癢的（A son of an itch）
8. 盲目正義（Blind justice）
9. 乾燥期（A dry spell）
10. 你到第五大道的另一頭去*
（You get to the other side of 5th Avenue）

* 注意，最後一題的答案之所以引人發噱，是因爲它出奇不意地打破了常理。這則笑話並未結合兩種事物的特徵，而是藉字面上的答案製造驚喜。

訓練6：
看圖寫標題

10~15分鐘

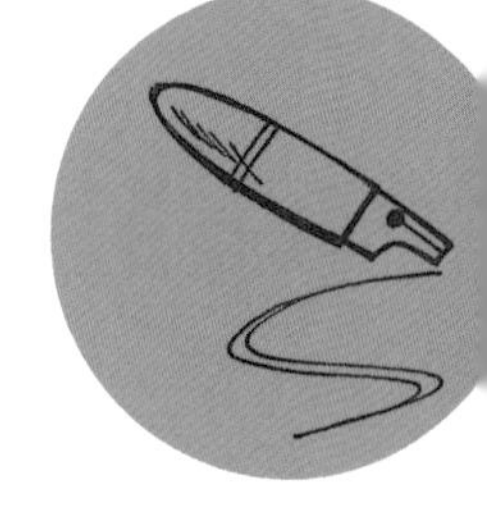

接下來是另一個說故事的訓練。試著寫出一個可將以下五張圖連結起來的故事。仔細看圖，想像它們能構成一篇什麼樣的新聞報導。

在10至12分鐘內寫出一則結合這五張圖的大標題和副標題。

訓練7：遠距聯想測驗

10~15分鐘

沙諾夫及瑪莎·梅尼克夫妻於1962年研發的遠距聯想測驗（RAT），可用於測量一種基礎創意能力：文字聯想。

遠距聯想測驗以文字爲基礎。測驗方式是在看過題目的三個字後，找出或想出第四個與這三個字均可連結的字。

例如，假設題目是這三個字：

生日（Birthday）　驚喜（Surprise）　線條（Line）

接下來，你必須找出與這三個字均可連接的第四個字。

這題的第四個字就是「派對」（或政黨，party），因爲「派對」與這三個字都可連結：「生日派對」（birthday party）、「驚喜派對」（surprise party），以及「政黨路線」（party line）。第四個字接在三個字的前面或後面都沒關係。

不妨試著爲右頁的字彙組想出第四個字，以快速地測試你的文字變通能力。

堅持下去

這個測驗比想像中來得困難。有些題目可能讓你絞盡腦汁也想不出答案。別灰心，也別失去自信。雖然這個測驗是爲了測量創意而開發的，但某些高度藝術性、視覺性和概念性的思考者，所得到的分數也相當慘澹。

遠距聯想測驗：例題

1. **rocking**（搖）	**wheel**（輪）	**high**（高）	chair（椅子）
2. **cottage**（農舍）	**Swiss**（瑞士）	**cake**（蛋糕）	________
3. **cream**（奶油）	**skate**（溜冰）	**water**（水）	________
4. **show**（展覽）	**life**（救生）	**row**（划）	________
5. **night**（夜）	**wrist**（腕）	**stop**（停）	________
6. **duck**（鴨）	**fold**（夾）	**dollar**（美元）	________
7. **ranger**（騎警）	**preserve**（保護）	**tropical**（熱帶）	________
8. **aid**（救護）	**rubber**（橡皮）	**wagon**（花車）	________
9. **flake**（薄片）	**mobile**（車）	**cone**（錐）	________
10. **cracker**（爆竹）	**fly**（蒼蠅）	**fighter**（對抗者）	________
11. **safety**（安全）	**cushion**（墊）	**point**（點）	________
12. **cane**（杖）	**daddy**（爹）	**plum**（棗）	________
13. **dream**（夢）	**break**（休息）	**light**（光）	________
14. **fish**（魚）	**mine**（礦）	**rush**（熱潮）	________
15. **political**（政治）	**surprise**（驚喜）	**line**（路線）	________
16. **measure**（丈量）	**worm**（蟲）	**video**（影像）	________

遠距聯想測驗：建議答案

1. **rocking**（搖）	**wheel**（輪）	**high**（高）	chair（椅子）
2. **cottage**（農舍）	**Swiss**（瑞士）	**cake**（蛋糕）	cheese（起司）
3. **cream**（奶油）	**skate**（溜冰）	**water**（水）	ice（冰）
4. **show**（展覽）	**life**（救生）	**row**（划）	boat（船、艇）
5. **night**（夜）	**wrist**（腕）	**stop**（停）	watch（警戒、錶）
6. **duck**（鴨）	**fold**（夾）	**dollar**（美元）	bill（腳蹼、鈔票）
7. **ranger**（騎警）	**preserve**（保護）	**tropical**（熱帶）	forest（森林）
8. **aid**（救護）	**rubber**（橡皮）	**wagon**（花車）	band（帶、樂隊）
9. **flake**（薄片）	**mobile**（車）	**cone**（錐）	snow（雪）
10. **cracker**（爆竹）	**fly**（蒼蠅）	**fighter**（對抗者）	fire（火）
11. **safety**（安全）	**cushion**（墊）	**point**（點）	pin（針）
12. **cane**（杖）	**daddy**（爹）	**plum**（棗）	sugar（糖）
13. **dream**（夢）	**break**（休息）	**light**（光）	day（白天、日）
14. **fish**（魚）	**mine**（礦）	**rush**（熱潮）	gold（金）
15. **political**（政治）	**surprise**（驚喜）	**line**（路線）	party（政黨、派對）
16. **measure**（丈量）	**worm**（蟲）	**video**（影像）	tape（帶）

訓練8：隨機視覺聯想力

10~15分鐘

現在該開始訓練視覺聯想力了！仔細看下方表格的圖，並在空格中畫進可使兩側圖像產生連結的點子。

訓練9：鞋子加上某個物品的新組合

10~15分鐘

同樣的，這回你也必須挑戰自己的大腦，試著讓兩個原本不相關的物品產生連結。

訓練從一隻鞋開始。試著將它和以下的物品做組合，創造出新東西。這個訓練的目的是鍛鍊流暢性，因此無須追求實用性或獨創性。將重點放在盡可能想出最多的點子，爲下列每個物品想出至少五種與鞋子的組合。

燈

胡椒研磨罐

花盆

香蕉

領帶

雨傘

葡萄酒瓶

◀左頁上圖：Jesper Wendelbo Lindeløv的〈樂高鞋〉(Lego Shoes)
左頁下圖：René Schultz的〈越野鞋〉(All Terrain Shoes)

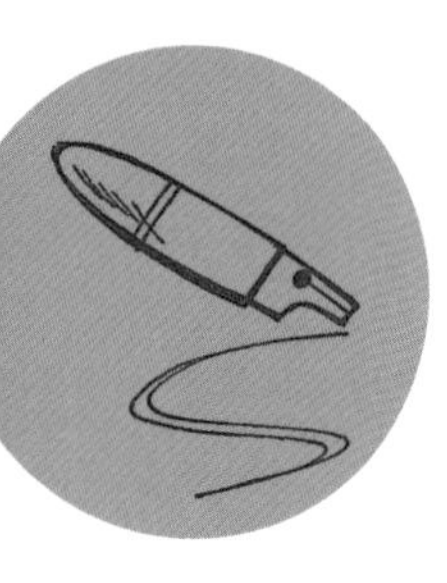

訓練10：寫一則電影文案

10~15分鐘

在這項訓練中，你必須想像自己正在寫一份劇本，而你希望吸引大家來看這部電影。先仔細看以下的十個單字，從中選出五個。找出它們之間的關聯，再寫出一段扣人心弦的電影文案。

你可以試著在電影《殺人拳2》（*Return of the Street Fighter*）的文案中尋找靈感：「千葉眞一飾演的職業殺手劍琢磨回來了！這次他將踢爆一個假慈善詐騙集團。但他能相信誰？每個人似乎都在設局陷害他，就連他最信任的幫手Kitty也不例外。沒多久，劍琢磨就發現自己同時面對許多敵人，就連昔日的空手道恩師也在其中。」

訓練11：自由串連圖片寫故事

10~15分鐘

從以下九張圖中，挑出五張寫成一個故事。仔細思考該如何將這些屬性不同的圖片串聯起來，並注意故事內容可能因你所選擇的圖片而異。

挑出五張圖後，想出一個能將這些吸引你的圖片連結起來的聯想，並將故事寫下來。

上圖爲此訓練的執行方式之範例。

訓練12：
視覺精巧性A

10~15分鐘

這個訓練看起來與視覺聯想差不多，但需要連結的不是眾多不同的項目，而是以眾多方式連結兩個相同的項目，以鍛鍊創意技能中的視覺精巧性。請以獨特的插畫填滿下表中的空格。

shoe 鞋子		
		sun 太陽

依紙張大小調整尺寸，影印這份空白表格。

訓練13：視覺精巧性B

10~15分鐘

再試一次。切記，你正在展現自己在獨創性和精巧性方面的能力，兩者在創意思考中都至關重要。看看表格中的兩個字，畫出兩者可能有著什麼樣的關聯，或產生什麼樣的組合。

frame 框架		
		snake 蛇

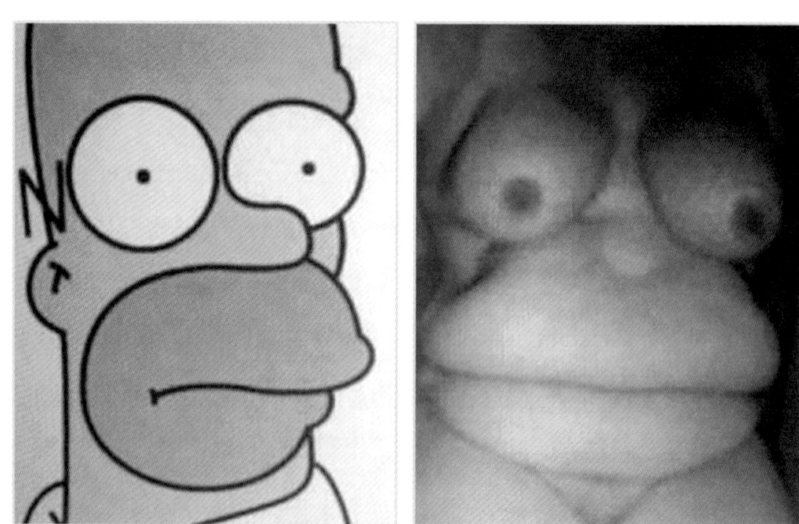

荷馬・辛普森和你的太太有哪些共通點？
這突發奇想的聯想一被貼上網，就在網路上瘋傳。

訓練14：尋找共通點

10~15分鐘

1.「滑雪勝地」（ski resorts）和「褲襪」（pantyhose）有什麼共通點？

2.「日光燈管」（fluorescent tubes）和「圖書館員」（librarians）有什麼共通點？

3.「百慕達短褲」（Bermuda shorts）和「佈道辭」（sermons）有什麼共通點？

4.「露營區」（campsites）和「電影」（movies）有什麼共通點？

5.「嬰兒」（babies）和「籃球隊員」（basketball players）有什麼共通點？

6.「雀斑」（freckles）和「治安敗壞」（bad neighborhoods）的社區有什麼共通點？

7.「氣球」（balloons）和「處女」（virgins）有什麼共通點？

8.「封箱膠帶」（duct tape）和「地心引力」（gravity）有什麼共通點？

9.「吸血鬼」（Dracula）和「棒棒糖」（lollipop）有什麼共通點？

10.「亞歷山大大帝」（Alexander the Great）、「施洗者約翰」（John the Baptist）和「小熊維尼」（Winnie the Pooh）有什麼共通點？

現在，試著發明幾則笑話。

__________ 和 __________ 有什麼共通點？

建議答案

1. 都有runs（坡道、被鉤傷）。
2. 兩者都會glare（發光、瞪眼）。
3. 兩者都很長。
4. 都有trailers（露營車、預告片）。
5. 兩者都會dribble（流口水、運球）。
6. 兩者都很spotty（多斑點、多污點）。
7. 刺一下就破了。
8. 都把世間萬物黏在一起。
9. 兩者都要sucker（吸吮）。
10. 三者都有相同的中間名。

訓練15：
翻轉物品做不到的事

10~15分鐘

現在要來進行有點不一樣的另類用途訓練。可以先選擇一個物品，並花三分鐘思考這個物品的另類用途當作熱身。仔細想想，自己所選擇的這個物品還能做些什麼。

熱身完畢後，開始寫下這個物品無法做些什麼的清單。例如：

它無法送我上月球。
它聞起來不像剛出爐的麵包。
它無法幫我打掃環境。

至少列出十件這個物品無法做到的事。

將這個物品不能做的事悉數寫下後，開始逆向操作。這回要想的不是這個物品不能做些什麼，而是思考「怎樣可以……」。例如：

怎樣可以讓它送我上月球？
怎樣可以讓它聞起來像剛出爐的麵包？
怎樣可以讓它幫我打掃環境？

大家通常會發現，寫出這些物品不能做些什麼並不難，或許是因爲這需要的是理性思考，而我們都被訓練成比較擅長此類思考。訣竅是，這回你必須藉著理性思考之力，將之翻轉成創意思考。

要注意的是，你愈是刻意挑選這個物品最不適合做些什麼，再將否定句翻轉成疑問句時，就愈能得到更瘋狂、更天馬行空，也更富獨創性的答案。

Andrew Smart的〈雞的另類用途〉（Alternative uses of a chicken）。

訓練16：物品的另類用途B

10~15分鐘

左頁是雞的許多另類用途。

1. 從自己身邊挑出三個物品，想想它們有哪一些另類用途。
2. 從其中一個物品開始思考，能想多少就想多少。不要急，慢慢來。
3. 覺得想法開始枯竭時，可以開始做隨機聯想，將這個物品與其他東西做結合。

要激發出更多點子，可以開始思考諸如以下的問題：

- 我所選擇的物品可能解決哪些問題？
- 什麼是我所選擇的物品可以用來做的最殘酷的事？
- 如何將我所選擇的物品轉化成驚喜？

想出愈多問題，就能激發出愈多點子。

感覺另類用途的點子開始枯竭時，可轉而對下一個物品做思考。將三個物品都想過後，再回到第一個物品重新思考一遍，而且不妨將第一回和第二回的答案混搭在一起。

當想法再度開始枯竭時，可再看一次左頁這些雞的另類用途，看看能否幫助你對自己挑出的物品產生新的想法。

CANDLE STICK

訓練17：視覺性雙關語

10~15分鐘

在廣告界，雙關語通常不太受歡迎，因爲它們可能過於幼稚、陳腐。不過，這對我們來說正好，因爲雙關語裡一定充滿聯想，特別是它們利用了詞彙的多種意義、發音或感想。雙關語之所以引人發噱，是因爲它們選擇了不尋常的字義，例如：「我曾是個銀行家，但我失去興趣（interest，或利息）了。」「露營是激烈的（intense，音近in tents〔在帳棚裡〕）。」由此可見，說雙關語和聯想所訓練的是完全相同的能力。

在這個訓練中，你要創造的並不是較常見的字面雙關語，而是爲以下這些詞彙想出符合字面意義並出人意料的視覺詮釋：

老爺鐘

手提行李

燈塔

籃球

彈簧床墊

蝴蝶

榔頭

◀左頁爲視覺性雙關語：René Schultz的〈足球靴〉（Football Boot）、Casper Christensen的〈跑鞋〉（Running Shoes）、Mads Haugsted Rasmussen的〈口紅蠟燭〉（Candle Stick）

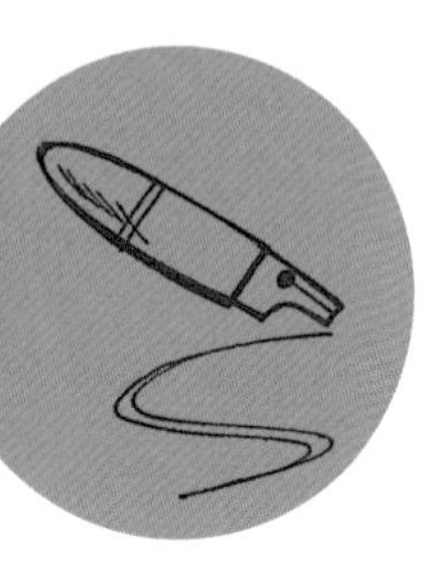

訓練18：拼錯字也是靈感來源

10～15分鐘

只要善加利用，電腦也可能成爲創意靈感的一大來源。這項訓練將拼字檢查化爲隨機靈感，將故事打斷並使之轉向。在一台有拼字檢查軟體的電腦上，以下列句子開頭寫出一則故事：

"It was a dark and stormy night..."
（那是個既黑暗又風雨交加的夜晚……）

不過，必須刻意拼錯幾個字。因此，你的故事的第一句可能是：

"It was a yark and sormy niyht..."

在拼字檢查提供的建議字中，你會看到"Yark"可能被替換成york, yak, yarn或yank。"Sormy"可能被替換成stormy, sorry或wormy。"Niyht"則可能被替換成night或knight。任何一個選項都可能改變你的故事，將之帶往一個全新的方向。現在，你的句子可能被改成：

"It was a dark and sorry knight…"
（那是個既黑暗又可憐的騎士……）

現在，坐在電腦前試試看，以"It was a dark and stormy night..."開頭。寫完一、兩段後，回頭把一些字改成錯字，在拼字檢查上尋找替代選項，並從建議字中各選出一個換上，至少替換五個字。接著，重新檢視你的文章，讓換過字的新版本啓發你繼續寫下去。覺得自己遇到瓶頸時，也可以先胡亂打字，再以拼字檢查爲工具，來賦予你的故事新生命。切記，這項訓練的目標不是寫出能得獎的小說，而是鍛鍊你的聯想能力，並幫助你維持思考的變通性。不過，在拼字檢查摧毀了你的創意女神後，說不定還眞能讓你寫出曠世傑作。

It was
a yark
and
sormy
niyht ...

訓練19：廚房工具的另類用途

10~15分鐘

接下來是另類用途的相關訓練。這個訓練要求你將一個突兀的物品放進熟悉的環境——你的廚房裡，藉此鍛鍊你發現關聯的能力。

先想出三個物品（例如，割草機、風笛、倉鼠），拿出你的筆記本，然後走進你的廚房。坐下來，從我們用來混合、切菜、添味的所有物品中尋找靈感。從三個物品中選擇一個，然後在你眼前所見的物品啓發下，開始列出它的另類用途。

例如，你選擇了倉鼠。它可能會使你提出以下的問題：

我要如何用倉鼠來攪拌煎鍋裡的醬料？
我要如何用倉鼠來當鹽罐？
我要如何讓倉鼠洗碗？
我要如何用倉鼠來當門擋？
我要如何用倉鼠磨蒜頭？
我要如何用倉鼠來避免衣服沾到紅酒漬？

在暖身階段，先把你所選擇的物品之一替換成「倉鼠」，回答以上這些問題，並將你的點子畫出來或列表。接下來，再環顧整間廚房，想出另外兩個物品的另類用途。

◀左頁上圖爲Line Johnsen的〈老鼠開瓶器〉（Corkscrew Mouse），下圖爲Eva Stehr Ebbensgaard的〈起司蛋糕〉（Cheesecake）。

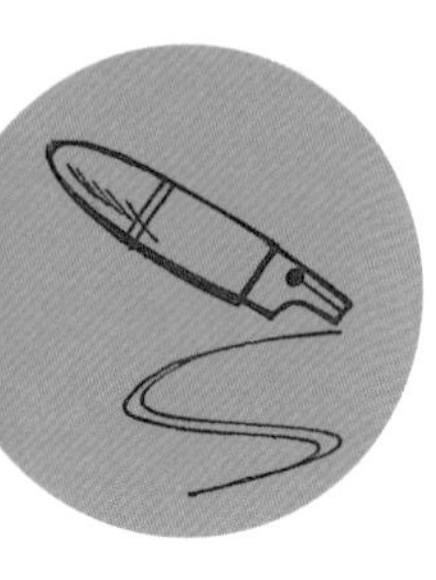

訓練20：擲骰子寫作法

10~15分鐘

故事的主要成分，可歸納爲「何人、何時、何處、何事」四類。先在每個種類下設定六個選項，然後擲骰子決定要把哪個選項寫進故事裡。盡可能不要作弊，擲出什麼就寫什麼。

何人？

1. 一位公車售票員和一位陌生人
2. 一位鋼管舞者和她的母親
3. 一位大學教授和一位幼稚園老師
4. 一位發明家和一位清潔人員
5. 一位明星和一位粉絲
6. 一位銀行櫃檯人員和一位命理師

何處？

1. 在巴黎的艾菲爾鐵塔
2. 在購物中心裡
3. 在華爾街
4. 在歌劇院裡
5. 在賭場裡
6. 在一場狩獵中

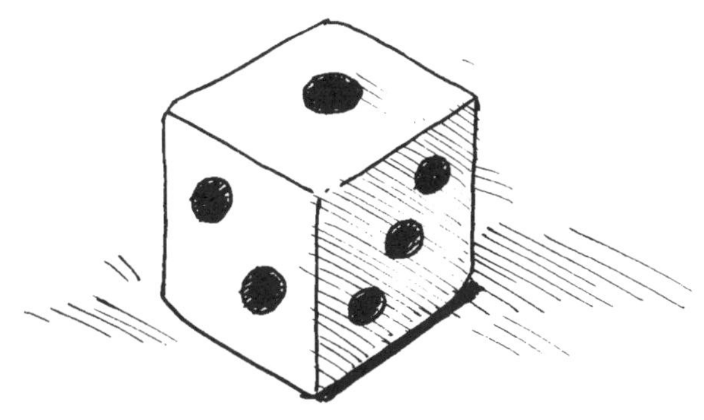

何事？

1. 一場誤解
2. 某件重要的事化為泡影
3. 一場爆炸
4. 諸事不順的一天
5. 一場暴風雪
6. 一場殺人事件

何時？

1. 深夜裡
2. 十八世紀
3. 2050年
4. 破曉時分
5. 小睡時
6. 郵件寄到時

Andrew Smart的〈使用雞的兩種新方法〉（Two new ways to use a chicken）。

訓練21：物品的另類用途　終章

10~15分鐘

你會發現最後這一項訓練看起來很熟悉，不過這是我們刻意安排的，好讓你看到自己在流暢性、變通性與獨創性上進步了多少。（保證有長足的進步，不過這不是在給你壓力。）

在這次的另類用途訓練中，各花三分鐘思考以下的每個物品，並盡可能想出最多的另類用途。

水壺

滑鼠

磚塊

擀麵棍

結束後，拿出你在訓練1所寫的答案來比較一下。

Part 4

聯想的實際運用

本章將介紹幾個可供你實際使用這些剛學成的技能之經典聯想輔助工具。面臨壓力時，它們將能幫助你在現實世界中迸出創意聯想。

Marie Christine
Frederiksen的
〈歡樂時光〉
（Happy Hour）

歡收成果

重點不是你從哪兒取得元素，
而是你要把它們帶到哪兒去。

——尚盧・高達

"It's not where you take things from,
it's where you take them to."

Jean-Luc Godard

提升聯想力，就能提升創意

恭喜！你成功通過了創意聯想訓練營。相信你已經發現自己有所進步了。你會在日常生活中產生更多聯想，想起點子來變得容易許多，還隨時可能迸出新的聯想。

每次看到大家從創意聯想訓練營結業，我們都會發現一個現象：他們會產出更多點子、創造出更獨特的解決方案，而且對發想也變得更有自信。

在接掌創意溝通系數年後的一個陽光普照的下午，朵特和當年對她的創意教育有所質疑的創意總監在公園裡聊天。他仍待在廣告界，而且不改懷疑態度：「我不相信妳能透過教學讓人變得有創意。」

「我的作法不是教學生設計廣告。」她回答：「甚至不教學生做創意解題。我只專注在聯想上。我將這項技能從整個創意發想過程中抽取出來，對學生進行反覆訓練。當他們回頭做創意發想時，因為已經鍛鍊出所需的能力，在創意解題上的表現都有了大幅進步。」

她如此總結：「高度創意思考者擅長發現關聯。只要提升你的聯想力，就能提升你的創意。」

重新思索一番後，他回答：「這點我相信。」

教創意很類似教樂理。它無法提升你的音樂天分，但能讓你變成一個更好的音樂家。透過學習創意思考技能，與鍛鍊不可或缺的聯想能力，你與生俱來的創意能力將有所提升。如今，你已經準備好面對各種需要創意思考的挑戰，而且將表現得比以前更好。

「自薦作品載客服務」（The Portfolio Recommendation Ride）的兩位司機：史蒂芬．阿諾杜斯（Stefan Arnoldus）與雅各．諾爾馬克（Jacob Norremark）。

成功實例

在頒發創意工具當作餞別禮之前，先讓你聽個故事，好讓你相信聯想眞的能深深影響你的人生，尤其是在最關鍵的時刻。

在攻讀爲期三年的創意溝通系課程的最後一年，朵特班上的雅各與史蒂芬，這兩名才華洋溢的研究生開始了他們的求職活動。他們要的不是普通工作，而是立志在廣告界覓得一份威震天下的差事。他們渴望與最優秀的人才合作、渴望大機會、進大公司，而且希望兩人能不被拆散地以團隊形式共事。爲此，他們必須建立具政治性、策略性及高報酬率的高階人脈。

因此，他們擬定了一項計畫。在畢業前的幾個月，兩人決定前往法國參加全球最負盛名的創意盛會——坎城金獅獎。這將是認識來自Google、Ogilvy、Saatchi & Saatchi等世界級廣告公司的創意總監，以求得面試機會的大好良機。

兩人開始將連點成線，針對這些總監們在坎城可能會有什麼樣的需求，做了一番擴散性思考，突然間浮現出一個簡單但聰明的聯想：搭車。這些總監全都需要從機場搭車到會場。因此，雅各和史蒂芬發明了「自薦作品載客服務」。他們買了兩套貴賓車司機制服，租了一輛能力所及的昂貴汽車。一整個星期裡，他們將這些總監們從機場載往會場，酬勞是在沿途進行20分鐘面試及展示作品的機會。

他們做成這個生意，上了國際媒體。當然，他們也獲得一大堆工作機會。

創意是源源不絕的。
用得愈多，
就擁有得愈多。

——瑪雅．安吉羅

*"You can't use up creativity.
The more you use the more you have."*

Maya Angelou

看見超乎眼前的可能性

這套「聯想法」真的管用嗎？當然管用。若不是綜合了實際教學、學術界象牙塔和神經科學實驗的證據如此可信，我們不會將這一切寫成白紙黑字。

對大腦可塑性日新月異的新發現，為我們開啓了耕耘大腦潛能的大門。拜你對訓練聯想能力所投入的時間和努力之賜，下回需要提出點子或參加腦力激盪會議時，你絕對會表現得更搶眼、更游刃有餘。但你真正的收穫是，耕耘出看得更遠、提出第三選項，並玩出比手中的牌更多花招的能力。真正的價值，是看見超乎眼前所見的更多可能性。

在最後一章，我們將提供幾個對你的未來有所幫助的工具。

往後的探索之旅，祝你一路順風。

——朵特・尼爾森與莎拉・瑟伯

Karina Tørnsø Johannessen的〈筆〉（Pen）

創意

聯想工具

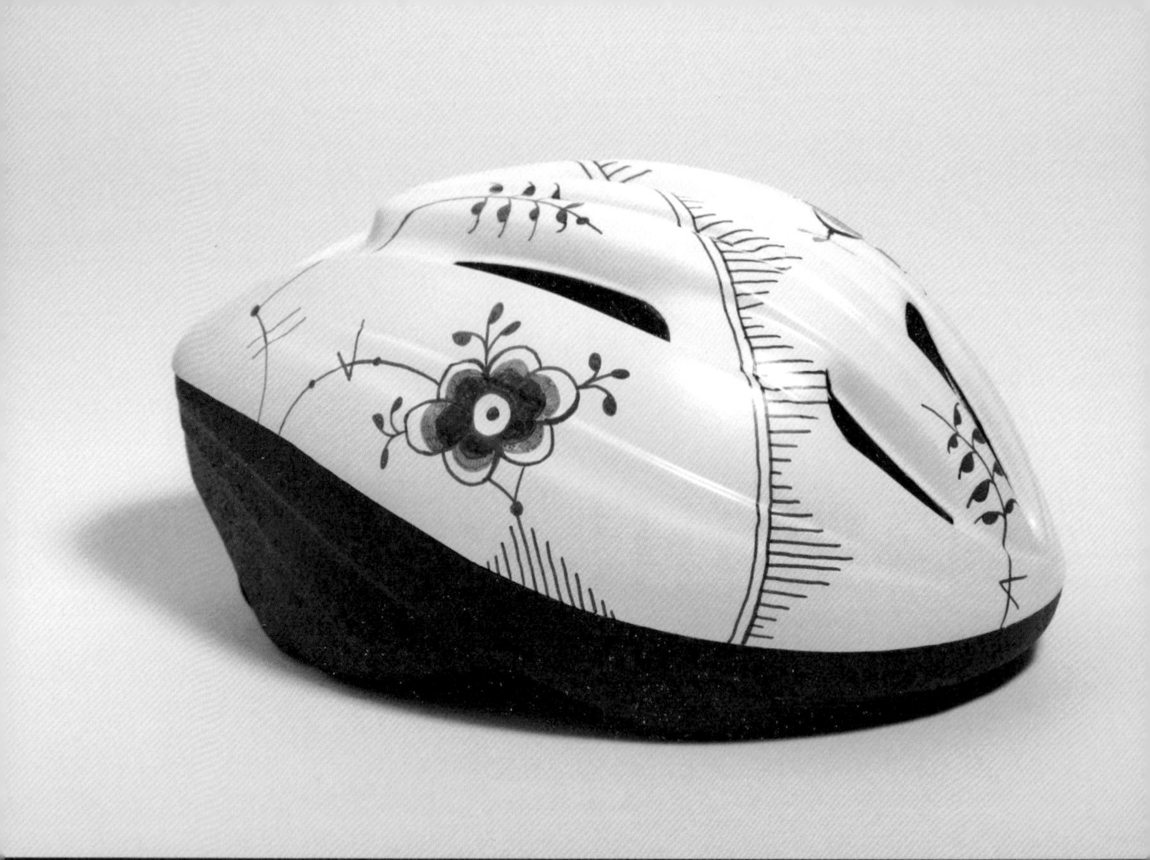

Mette Nyhus Skammeritz的〈瓷器安全帽〉（Porcelain Helmet）
Thomas Jørgensen Parastatidis的〈鯊魚鋸齒刀〉（Shark Tooth Knife）

三個實用的創意聯想工具

現在你已經可以帶著聯想能力上路了。在行囊中，不妨也帶上我們爲你準備的這份餞別禮。工欲善其事，必先利其器，我們所選擇的工具，其運作方式和你的大腦相同，對輔助聯想尤其有效。它們皆摘錄自朵特．尼爾森的著作《靈感之書》（*Idécogen*），取得許可後在此分享。往後需要進行創意思考時，它們或許可以派上用場。

1. 心智圖法（Mind Mapping）
2. 交叉聯想（Cross Connections）
3. 隨機靈感（Random Inspiration）

在接下來的幾頁裡，我們將詳細敘述每一項工具，不過這些解釋看起來可能會有點複雜。第一次試用時，可能會覺得有點強硬生澀。但只要持續下去，掌握到使用訣竅後，它們就會變得宛如你大腦的延伸，用起來會非常得心應手。

1. 心智圖法

心智圖法是一種幫助你專心聯想的工具。你可以利用它來整理資訊，也可以用它來產出新的點子或聯想。一張心智圖看起來就像聯想的關聯圖，能讓你進一步檢視某一元素的邊角，並勾勒出整體總覽。

在學校裡，我們學習的是線性思考；我們把文字寫成行或欄。線性思考在我們的日常活動中無所不在，例如，購物清單或分類帳目就是線性思考的產物。

線性排列的清單有其好處。但需要創造新點子時，就必須打破線性思考的侷限，想像出字裡行間以外的內容。心智圖能幫助你做到這點。

心智圖法的發明者東尼．博贊（Tony Buzan）相信，將訊息以這種方式排列，更能反映出大腦的運作邏輯：不呈直線排列，而是呈元素間有模式、有關聯的組織性樹枝狀排列。

理解心智圖的關鍵，是懂得欣賞它的結構。不同於一份由上至下的清單，心智圖的元素採用中間至外圍的排列。位於正中央的元素是核心、重心、主題或課題，而資訊、感想和點子則由此朝四面八方放射，形式可能是單字、圖畫或符號。心智圖的結構類似一棵由上俯視的樹，中央的樹幹被枝幹、枝枒、枝條和樹葉所包圍。

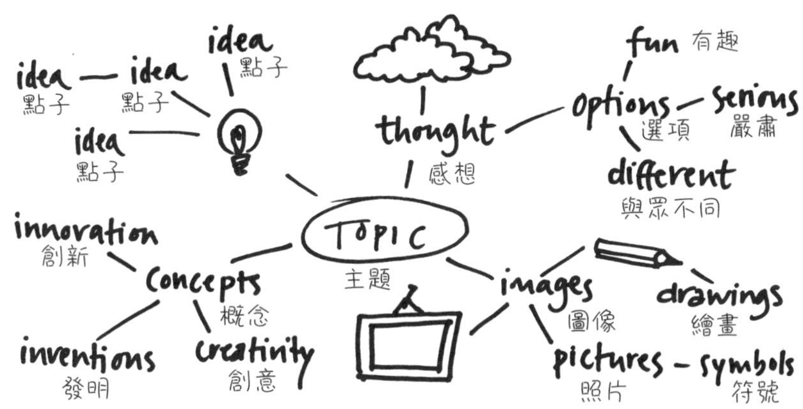

多重用途

心智圖能讓你縱觀全局地朝各方向思考，同時闡述多項元素，藉此增加刺激出新聯想的可能性。它是個開啓創意思考的利器。

你也可以在思緒閉塞時使用它。心智圖是個進行「腦內清空」的理想空間。在中央寫下難題，一點一點地拋出你的感想和點子，包括在腦海中盤旋的各個混亂糾結的元素。在這種時候畫出來的心智圖，通常能幫助你把思路整理得更清晰。

在進行腦力激盪時畫出心智圖，也是將思緒擴散過程記錄下來的好方法。一有擴散性的點子浮現，便立刻加以捕捉，能幫助你清空大腦，騰出空間來拓展新想法。

心智圖也能用來做筆記，反覆整理感想，或激發新組合、聯想和點子。記住這個工具，你將發現自己在工作過程中會一再用到它。

SPORT 體育活動

TENNIS 網球

BASKETBALL 籃球

FOOTBALL 足球

BADMINTON 羽毛球

RUGBY 橄欖球

HOCKEY 曲棍球

CYCLING 自行車

SKIING 滑雪

GOLF 高爾夫球

這兩張圖是某張體育活動海報的初步構思過程之例子。上圖的清單是線性思考的產物，右頁則是利用心智圖法的結果。兩相比較，可以清楚看出利用心智圖就能自然地做出擴散性摸索及聯想，線性圖則將你侷限在單一的思路中。

IMMING
游泳

GOLF
高爾夫球

BASKETBALL
籃球

FOOTBALL
足球

OAL !!!
進門得分！

DMINTON
羽毛球

TENNIS
網球

ASH
壁球

RACING
賽車

SPEEDWAY
賽道

ATHLETICS
競技

WLING
保齡球

DART
飛鏢

CHAMPAGNE
香檳酒

VICTORY
勝利

WIN 贏

HOCKEY
曲棍球

SPORT
體育

FITNESS
健身

MOVEMENT
運動

SWEATBAND
吸汗帶

PILLS
藥丸

DOPING
禁藥

MONEY
金錢

TEARS
淚水

LOSE
輸

GAME
賽事

REFEREE
裁判

DRESSING ROOM
更衣室

OLYMPI FLAME
奧運聖火

OLYMPICS
奧運

CHAMPIONSHIP
冠軍賽

COMPETITION
競爭

STADIUM
體育館

SPECTATOR
觀眾

SWEAT
汗水

SMELLY SOCKS
臭襪子

FOOTBALL BOOT 足球鞋

SPORTS BAG
運動包包

BALLET SHOES
芭蕾舞鞋

SKATES 冰刀

如何繪製心智圖

1. 準備一張大開數的紙張。

2. 在正中央畫一個橢圓，在裡頭寫上發想主題。

3. 開始記錄衍生自主題的點子。從中央開始寫，讓你的思路從這個中心點開始往外擴散。以任何形式來記錄都可以：寫字、畫圖、貼照片、畫符號，都無所謂。

4. 任由任何新的主題和點子浮現。隨時保持思路的自由。

5. 心智圖的好處，是讓你可以同時朝任何方向做發想。如果你無法由主題衍生出更多聯想，不妨想出一個新字把它延續下去。只要把新字一個又一個地接下去，你的思考是絕不會枯竭的。

6. 讓你的想像力主導一切。盡可能想出視覺化的點子，具體地寫下來，例如視覺化的圖像、符號和隱喻。盡可能享受發想的樂趣。

7. 讓心智圖幫助你在各分支之間做「創意躍進」，並在看似毫不相關的元素之間發現關聯。

8. 持續發想下去，一路寫到紙張的邊緣爲止。不斷把分支往前推，讓你的思路不再受中央的主題所束縛。原創且出人意料的點子，通常會在這個階段出現。

9. 檢查你的心智圖，確認是否涵蓋了所有的重點。若有任何空位，就設法塡上。這張心智圖畫得愈好，就愈能幫助你激發出好點子。

2. 交叉聯想

多年來，藝術家與發明家都積極試圖連結原本看似無關的元素，以創造出新的事物。成功案例所產生的影響都十分驚人：它們的獨創性強大無比，卻又是如此簡單。

對高度創意思考者而言，這種靈感來得輕鬆自然，但這是否可能在蓄意的思考中出現？

交叉聯想是一種將不相關的元素輕易結合成新事物的簡單方法。它能讓你迅速想出許多點子。這些點子不一定每個都有用，許多看起來可能很生硬，但無須爲此感到挫折。想出愈多點子，創造出好點子的機會就愈大。榮獲兩個諾貝爾獎的萊納斯・鮑林（Linus Pauling, 1901~1994）曾言：「想出好點子的良方，就是想出一大堆點子。」

交叉聯想的基礎是結合視覺性元素。它對以多個例子傳達一個點子，或透過一個組合同時傳達兩個主題，尤其有效。

過濾你的課題，從中挑出兩個從獨特角度闡述的主題。例如，「革命」也許可以分成「人民」及「起義」。兩個主題間的對比愈強烈愈好，因爲對比通常會激發出更有趣的點子。

如何進行交叉聯想

1. 以一個定義明確的課題為起點。

2. 選擇兩個闡述或代表此課題的主題。

3. 在每個主題下各畫出一欄空格，每個空格填入能反映該主題不同面相的單純名詞。盡量選擇能替換成視覺性符號、圖像或線條畫的名詞。（要找到好的視覺性要素，可能有點難度。你可以藉由翻閱之前為此主題所蒐集的資料，或是以每個主題為中心畫心智圖，來幫助你闡述這些名詞）。

主題1：	主題2：
______________	______________
______________	______________
______________	______________
______________	______________
______________	______________
______________	______________

4. 開始組合兩個名詞欄中的元素。從一欄中挑選一個圖像性的點子，隨意地與另一欄的一個元素結合。這將給你一些可將兩欄連結起來的、簡單卻強烈的視覺性點子。

5. 得到理所當然的組合後，選出幾個最讓你有想像空間的組合，開始進入交叉聯想最有趣的部分。閉上雙眼，以線條隨機連結兩欄的元素，然後將這些組合畫出來，即使這些組合再瘋狂也無所謂。不要吝於在每個組合投入時間，一開始看起來完全不合理的組合，最後可能會成爲絕妙的點子。在這個階段放任機率主導一切，可能讓你獲得一些出人意料的解決方案。這時所出現的組合，有些會突兀到毫無用處，但盡量享受這個過程，看到好笑的組合就笑一笑，並嘗試以無法使用的組合當跳板，摸索出嶄新而獨創的點子。

6. 點子能想多少就想多少。如果你一開始就爲每個主題想出六個圖像化的點子，現在你至少就有36個解決方案（6×6）。舉例來說，既然夾角拖鞋和鞋釘可能有許多組合方式，最好能爲每種組合想出多個方案。切記，在過程中不要急著下判斷，這麼做可能成爲想出最佳解決方案的阻礙。先把點子想出來，事後再做評估。

7. 檢討你所做出來的組合。看看其中有哪些能刺激你想出新的點子，並確認自己有沒有遺漏了什麼。如果有哪個點子潛藏在某處，趁現在把它揪出來。

8. 開始做聚斂性思考。評估、下判斷，然後選出好的點子

下圖是一個交叉聯想的例子。課題是爲一張宣傳觀賞體育賽事的度假海報尋找靈感。

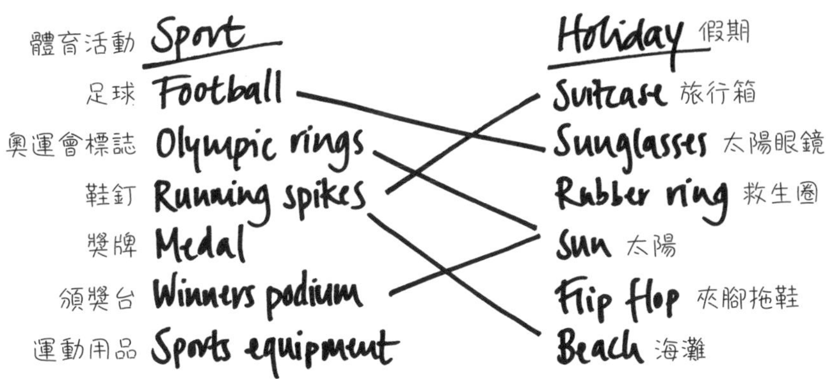

針對「體育活動」和「假期」兩個海報主題做交叉聯想，所得到的想法和點子。

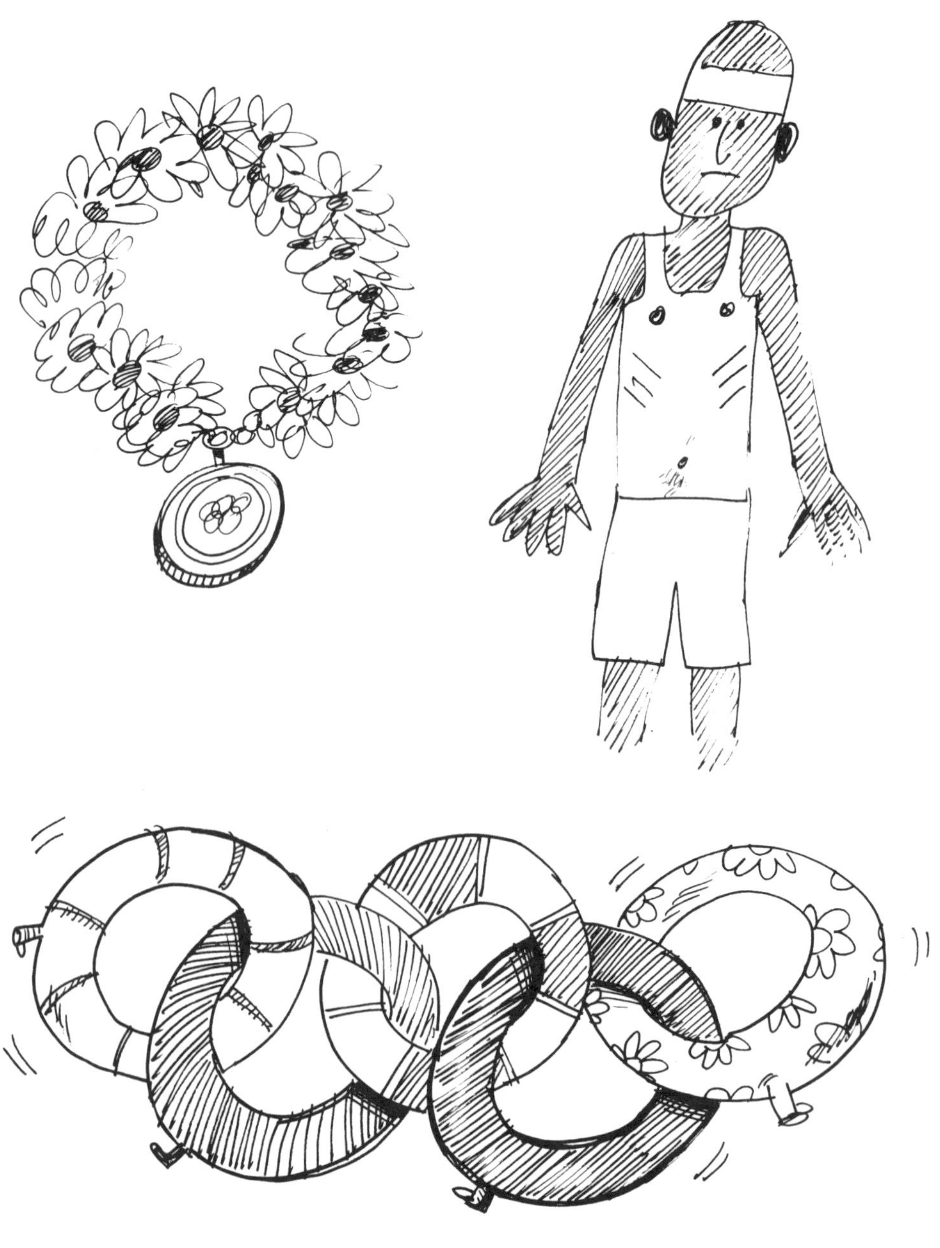

7
2
3

果物醃漬罐握把

45265 可在果物醃漬罐燙手或需要開蓋時使用的握把。
1夸脫罐用，
每件 $0.15，
每打 $1.65。
45266 2夸脫罐用，
每件 $0.17，
每打 $1.85。
欲查詢果物醃漬罐售價，請見雜貨清單。

盤夾

45267 可在將盤子夾出烤箱時使用的勝利牌碟夾。每件 $0.13。

清壺刷

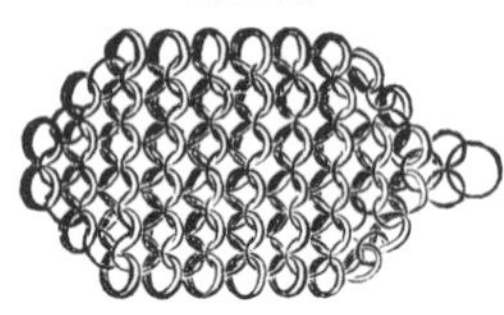

鋼絲絨清壺刷，是目前最方便、最流行的清理工具，方便為水壺和罐子清洗或上油。用了它，就不必再辛苦洗滌弄髒的擦碗布。

45268 鋼絲絨清壺刷，小型，每件 $0.05，每打 $0.54。
45269 鋼絲絨清壺刷，大型，每件 $0.07，每打 $0.75。

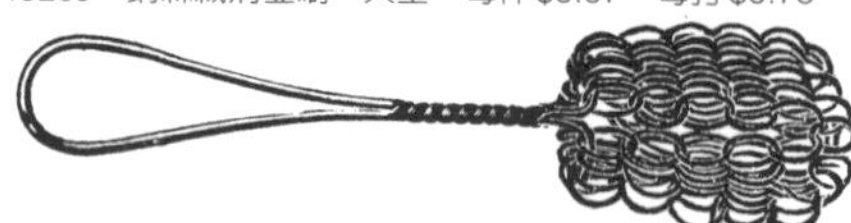

45270 帶柄清壺刷，鍍錫線握柄，亮面鋼絲掛環，總長9.5英吋。每件 $0.08，每打 $0.85。

煮烤夾

45275

長×寬	條數	每件價格
9×6	9	$0.12
9×7.5	11	$0.14
9×9	11	$0.15
9×10.5	15	$0.16
9×12	17	$0.18
9×13.5	19	$0.20

煮菜籃

45278 鋼絲材質，也可以用來煮蛋。

尺寸	6英吋	7英吋	8英吋	9英吋
每件	14分	17分	19分	21分

爆米花鍋

45280 爆米花鍋（含鐵蓋），1夸脫，
每件 $0.08，每打 0.87。
45281 爆米花鍋（含鋼絲蓋），2夸脫，
每件 $0.15，每打 1.62。
45282 爆米花鍋，4夸脫，每件 $0.75。
45283 爆米花鍋，8夸脫，每件 $2.75。
4夸脫及8夸脫爆米花鍋，與糕餅店或街頭攤販所用的相同。

鋼絲烤架

馬鈴薯搗泥器

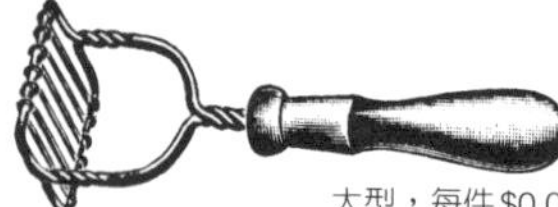

45292 馬鈴薯搗泥器，鍍錫線，附木質握柄。
大型，每件 $0.09，每打 $0.90。

捕蠅籠

45295 冠軍牌細鐵絲網捕蠅籠。堅固精美，附圓錐形外罩，捕捉蒼蠅最有效率。
每件 $0.15，每打 $1.62。

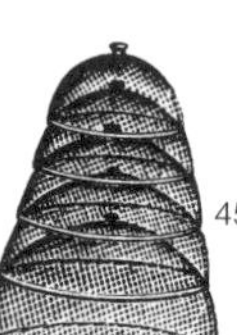

碗盤罩

45296 藍鐵絲網圓形碗盤罩

尺寸	6號	7號	8號	9號	10號
每件	$0.04	$0.05	$0.06	$0.07	$0.09
每打	$0.4	$0.5	$0.6	$0.7	$0.9

45297 藍鐵絲網圓形碗盤罩五件組，6至10號各一件。每套 $0.28。

鳥籠

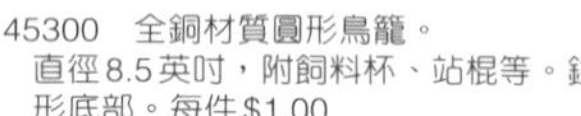

45300 全銅材質圓形鳥籠。
直徑8.5英吋，附飼料杯、站棍等。鐘形底部。每件 $1.00

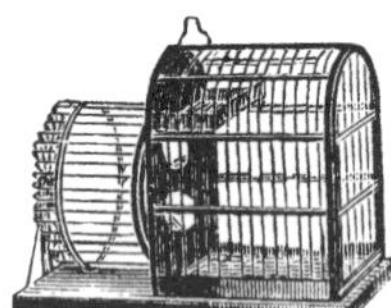

45305 松鼠籠，適合飼養紅松鼠或花栗鼠，上漆鐵線材質。整體，長18英吋，寬10英吋，高13英吋。主體，長10英吋，寬9英吋，高12英吋。跑輪，長6.5英吋，直徑9英吋。每件 $1.60

巔峰牌捕野鼠籠

45306 自動捕野鼠籠。附方便裝設的誘餌盒，新穎斜翹造型。誘餌盒由頂部蓋子裝入，以吊掛於頂端的誘餌引誘野鼠，而野鼠無法輕易將誘餌自鋼絲縫隙間拖出。籠身以堅固的彎曲鋼絲製成，不易變形或毀損。本籠方便運輸，保證能以完好狀態抵達目的地。籠身，長20英吋，寬8英吋，高7英吋。每件 $1.00，每打 $10.50。

野鼠家鼠兩用捕鼠籠

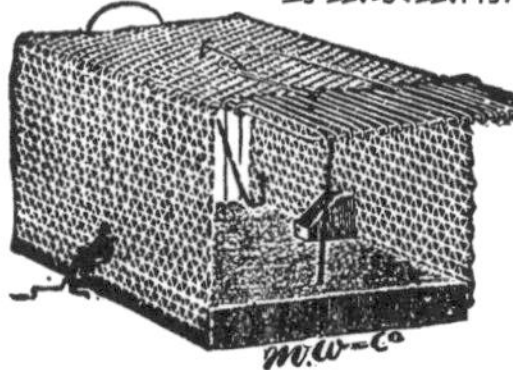

45307 鋼絲材質，可用於捕捉野鼠及家鼠。捕捉家鼠時的設置方式，是將後端關閉，家鼠一鑽入籠中的小孔，可由外往內推開、但無法由內往外推的鐵絲門便會關上。由於一隻受困的老鼠可吸引其他同類，一次便能捕捉到許多老鼠。至於捕捉野鼠的設置方式，請參照上圖。重量：1英磅13盎司，每件 $0.35。

3. 隨機靈感

隨機靈感是一種用來激發創新且出人意料的點子之經典工具。《六頂思考帽》（*Six Thinking Hats*）與《水平思考》（*Lateral Thinking*）的作者愛德華·狄波諾（Edward de Bono）的讀者，都稱此工具為「隨機輸入」或「隨機選字」（Random word）。席德·帕恩斯（Sid Parnes）的學生和創意解題派，則稱之為「強迫關聯法」。

這項工具要求你在平時不會注意到的地方，連結看似無關的事物，並做出聯想。雖然靈感來源可能無所不在，但這項工具要求你使用隨機找到的事物，讓機率主導一切！讓出乎意料的聯想，刺激你以不同的方式來檢視手頭的難題。

隨機選擇本身可能就是個有趣的過程。你可以選擇文字、圖片、物體，任何東西都行！環視周遭，尋找新的靈感來源，並盡可能避免一切尋常的解決方案。

- 閉上雙眼，在字典裡隨機指出一個單字。
- 從卡片架上隨機抽出一張卡片。
- 從冰箱上的磁鐵詩（Magnet Poetry）中選擇一個單字。
- 隨機翻開一本型錄，翻開的那一頁裡第二排的第三個商品。
- 隨便拿一份書報雜誌，選擇第27頁的第七個名詞。
- 打開電視，選擇主角對白中的第五個字。
- 拜訪鄰居，選擇你所看到的第一件家具。
- 可能性永無侷限。

隨機靈感運用法

在運用「隨機靈感」激發點子時，切記你必須先爲欲解決的難題做好清楚的定義。

1. 難題應該被包裝成有開放性答案的問題

「我要如何……」

2. 隨機選擇目標

切記，運用這項工具的關鍵，是放任自己受到隨機輸入的啓發、刺激或激怒，以迴避訴諸尋常的解決方案（所選擇的事物愈驚人、愈出人意料，結果愈好。如果所選擇的事物與難題太過接近，就無法激發出創新的想像。）

3. 以隨機選擇的事物解決你的難題

找出隨機選擇的事物與你的難題之間的關聯。兩者有什麼共通點？彼此能產生什麼樣的關係？這事物本身或它的某些特徵，能如何幫助你解決難題？慢慢想。保持專注。任由你隨機挑選的事物刺激你的想像。創造聯想。問問題。任憑這事物刺激你以新的角度看待自己的難題。先嚴肅，再輕佻。先理性，再瘋狂。

to we dirt flower speak of above day know secret will is the would the cul we kiss red decay magic up heal s to at was could on when her question must has she from miss sister cake you ed and ne haunt ed seep er lip ous ful ed about star coffee too for ize and was sky warm use over you ry are my ing sacred ice job hy ed prisoner ing for always hot er porcelain one he circle less bone boy fever concrete breath every like morning he put slow melt ghost make naked bellow bring is wild have let dog did award ing cent tion soon you ing s for it es it web s live but delicious see his beat arn pierce never him girl this they or da

參考資料

Adobe. (2014). *Seeking Creative Candidates: Hiring for the Future*. Adobe Systems. http://wwwimages.adobe.com/content/dam/Adobe/en/education/pdfs/creativecandidates-study-0914.pdf

Bachman, R. (2011, February 28). Nike's Holy Grail: Bowerman Family Unearths Long-lost Waffle Iron. *The Oregonian*. Retrieved from: http://blog.oregonlive.com/behindducksbeat/2011/02/nikes_holy_grail_bowerman_fami.html.

Backman, M. E., & Tuckman, B. W. (1972). Review: Remote Associates Test. *Journal of Educational Measurement*, 9(2), 161-162.

Baird, L. L. (1972). Review of the Remote Associates Test. In O. K. Buros (Ed.), *Seventh Mental Measurements Yearbook*, (vol. 7). Highland Park, NJ: Buros Institute of Mental Measurements.

Benyus, J. M. (2002). *Biomimicry: Innovation Inspired by Nature*. New York: Harper Perennial. http://biomimicry.org/

Bloom, B. S., Englehart, M. D., Furst, E. J., Hill, W. H., & Krathwohl, D. R. (Eds.). (1956). *Taxonomy of Educational Objectives: The Classification of Educational Goals. Handbook 1: Cognitive Domain*. New York, NY: David McKay.

Brassai, G., (1999). *Conversations with Picasso*. Chicago, IL: The University of Chicago Press.

Cabra, J. F. (2009). *Definitions and Theories of Creativity*. Unpublished Presentation, The International Center for Studies in Creativity, State University of New York, Buffalo, New York.

Colvin, G. (2010). *Talent is Overrated*. New York, NY: Penguin.

Davis, G. A. (2004). *Creativity is Forever*. Dubuque, IA: Kendall/Hunt.

Dietrich, A. (2004). The Cognitive Neuroscience of Creativity. *Psychonomic Bulletin & Review*, 11(6), 1011-1026.

Dietrich, A. (2007). Who's Afraid of a Cognitive Neuroscience of Creativity? *Methods*, 42, 22-27.

Fink, A., Grabner, R. H., Benedek, M., Staudt, B., Neubauer, A. C. (2006). Divergent Thinking Training is Related to Frontal Electroencephalogram Alpha Synchronization. *European Journal of Neuroscience*, 23, 2241-2246.

Fink, A., Benedek, M., Grabner, R. H., Staudt, B., & Neubauer, A. C. (2007). Creativity Meets Neuroscience: Experimental Tasks for the Neuroscientific Study of Creative Thinking. *Methods*, 42, 68-76.

Fink, A., Grabner, R. H., Benedek, M., Reishofer,G., Hauswirth, V., Fally, M., Neuper,

C., Ebner, F., Neubauer, A. C. (2009a). The Creative Brain: Investigation of Brain Activity During Creative Problem Solving by Means of EEG and fMRI. *Human Brain Mapping*, 30, 734-748.

Fink, A., Graif, B., Neubauer, A. C. (2009b). Brain Correlates Underlying Creative Thinking: EEG Alpha Activity in Professional vs. Novice Dancers. *NeuroImage*, 46, 854-862.

Fink, A., Grabner, R.H., Gebauer, D., Reishofer, G., Koschutnig, K., Ebner, F. (2010). Enhancing Creativity by Means of Cognitive Stimulation: Evidence from an fMRI Study. *NeuroImage*, 52, 1687-1695.

Fink, A. (2011). fMRI/EEG. Abstracts of SAN Meeting / *Neuroscience Letters* 500S, e1-e54, p. e15.

Firestien, R. L. (1996). *Leading on the Creative Edge: Gaining Competitive Advantage Through the Power of Creative Problem Solving*. Colorado Springs, CO: Pinon Press.

Frey, C. B., Osborne, M. A., (2013, September 17). *The Future of Employment: How Susceptible are Jobs to Computerization?* Oxford University Programme on the Impacts of Future Technology. http://www.oxfordmartin.ox.ac.uk/downloads/academic/The_Future_of_Employment.pdf

Gardner, H. (1983). *Frames of Mind: The Theory of Multiple Intelligences*. New York, NY: Basic.

Gordon, W. J. J. (1961). *Synectics*. New York, NY: Harper & Row.

Gordon, W. J. J. & Poze, T. (1971). *The Basic Course in Synectics* (Vol 1-6). Cambrigde, MA: Porpoise Books.

Guilford, J. P. (1977). *Way Beyond the IQ: Guide to Improving Intelligence and Creativity*. Buffalo, NY: Creative Education Foundation.

Hadamard, J. (1945). *The Mathematician's Mind*. Princeton, NJ: Princeton University Press.

Hurson, T. (2008). *Think Better: An Innovator's Guide to Productive Thinking*. New York, NY: Mc Graw Hill.

IBM (2010). *Capitalising on Complexity: Insights from the Global Chief Executive Officer Study*. Portsmouth, UK: IBM Institute for Business Value.

Jarosz, A. F., Colflesh, G. J. H., & Wiley, J. (2012). Uncorking the Muse: Alcohol Intoxication Facilitates Creative Problem Solving. *Consciousness and Cognition*, Vol. 21, Issue 1, 487-493.

Jones, D. (2012). *Everyday Creativity (Powerful Creativity Techniques to Be Used on All Your Everyday Challenges)*. Multimedia CD. Star Thrower.

Kaufman, A. B., Kornilov, S. A., Bristol, A. S., Tan, M., & Grigorenko, E. L. (2010). The Neurobiological Foundation of Creative Cognition. In J. C. Kaufman & R. J. Sternberg (Eds.) *The Cambridge Handbook of Creativity* (pp. 216-232). New York, NY: Cambridge University Press.

Kaufman, J. C., & Sternberg, R. J. (Eds.). (2010). *The Cambridge Handbook of*

Creativity. New York, NY: Cambridge University Press.

Kirton, M. J. (1994). *Adaptors and Innovators: Styles of Creativity and Problem Solving* (Rev. ed.). London, England: Routledge.

Koestler, A. (1964). *The Act of Creation*. New York, NY: Macmillan.

Kringelbach, M.L. & Cattrell, A. (2015). An Architecture of Pleasure and Pain. Combining Art and Science to Make Sense of the Brain. *LA Plus*, 2:10-17.

Kringelbach, M.L. & Phillips, H. (2014). *Emotion: Pleasure and Pain in the Brain*. Oxford: Oxford Univesity Press.

Martindale, C. (1999). Biological basis of creativity. In R. J. Sternberg (Ed.), *Handbook of Creativity* (pp. 137-152). Cambrigde, UK: Cambridge University Press.

Mednick, S. A. (1962). The Associative Basis of the Creative Process. *Psychological Review*, 69(3), 220-232.

Mednick, M. T., & Mednick, S. A. (1967). *Examiner's Manual. Remote Associates Test. College and Adult Forms 1 and 2*. University of Michigan. Boston, MA: Houghton Mifflin Company.

Michalko, M. (1991). T*hinkerstoys: A Handbook of Business Creativity for the 90s*. Berkeley, CA: Ten Speed Press.

Miller, B., Vehar, J., Firestien, R., Thurber, S., & Nielsen, D. (2011). *Creativity Unbound: An Introduction to Creative Process* (5th ed.). Evanston, IL: FourSight.

Miller, E. K., & Cohen, J. D. (2001). An Integrative Theory of Prefrontal Cortex Function. *Annu. Rev. Neurosci*. 24, 167-202.

Nielsen, D. (2001). *Idébogen: Kreative V*ærktøjer *og Metoder til Idé- og Konceptudvikling. [The Idea Book: Creative Tools and Techniques for Idea and Concept Development]*. Copenhagen, Denmark: Grafisk Litteratur.

Nielsen, D., & Hartmann, K. (2005). *Inspired: How Creative People Think, Work and Find Inspiration*. Amsterdam, The Netherlands: BIS Publishers.

Nielsen, D., Kej., T., & Granholm, K. (2009). *Grundbog for Art Directors: Regler du kan bruge eller bryde. [Art Director's ABC. Rules to Use or Break]*. Copenhagen, Denmark: Grafisk Litteratur.

Osborn, A. (1963). *Applied Imagination* (3rd ed.). New York, NY: Charles Scribner's Sons.

Parnes, S. J. (Ed.). (1992). Synectics—Making and Breaking Connections. [Editor's note on the paper "On being explicit about creative process" by W. J. J. Gordon.] *Sourcebook for Creative Problem Solving*. (pp. 164-165). Hadley, MA: Creative Education.

Poincaré, H. (1913). *The Foundation of Science*. Lancaster, PA: Science Press.

Prince, G. M. (1992). The Mindspring Theory: A New Development from Synectics Research. In S.J. Parnes (Ed.) *Source Book for Creative Problem Solving*. (pp. 177-193). Buffalo, NY: Creative Education Foundation Press.

Puccio, G. J., Burnett, C. B., Acar, S., Yudess, J., Cabra, J. F., & Hollinger, M. (work in progress). Creative Problem Solving in Small Groups: *The Effects of Training on Idea Generation, Creativity of Solutions, and Leadership Effectiveness*. The International Center for Studies in Creativity, Buffalo State.

Puccio, G. J., Cabra, J. F., & Schwagler, N. (in progress). *Creativity and Innovation in Organizations: A Personal Guide for 21st Century Innovators* (working title). Thousand Oaks, CA: Sage Publications.

Puccio, G., Mance, M., & Murdock, M. (2011). *Creative Leadership: Skills that Drive Change* (2nd ed.). Thousand Oaks, California: Sage Publications.

Rae, N. *The Art of Observation: Elliott Erwitt*. http://fadedandblurred.com/ spotlight/ elliott-erwitt/

Rose, L. H., & Lin, H. T. (1984). A Meta-Analysis of Long-Term Creativity Training Programs. *The Journal of Creative Behavior*, 18, 11-22.

Sawyer, K. (2011). The Cognitive Neuroscience of Creativity: A Critical Review, *Creativity Research Journal*, 23(2), 137-154.

Scott, G. M., Leritz, L. E., & Mumford, M. D. (2004). The Effectiveness of Creativity Training: A Meta-Analysis. *Creativity Research Journal*, 16, 361-388.

Stross, R. E. (2008). *The Wizard of Menlo Park: How Thomas Alva Edison Invented the Modern World*. New York: Three Rivers Press.

Sternberg, R. J. (1985). *Beyond IQ: A Triarchic Theory of Human Intelligence*. New York: Cambridge University Press.

Taylor, C. W. (1986). Cultivating Simultaneous Student Growth in both Multiple Creative Talents and Knowledge. In J. S. Renzulli (Ed.) *Systems and Models for Developing Programs for the Gifted and Talented* (pp. 307-350). Mansfield, CT: Creative Learning Press.

Torrance, E. P. (1972). Can We Teach Children to Think Creatively? *The Journal of Creative Behavior*, 6, 114-143.

Torrance, E. P. (2004). Predicting the Creativity of Elementary School Children (1958-80) — and The Teacher Who 'Made a Difference.' In D. J. Treffinger (Ed.), *Creativity and Giftedness* (pp. 35-49). Thousand Oaks, CA: Corwin Press.

Vincent, P. H., Decker, B. P., & Mumford, M. D. (2002). Divergent Thinking, Intelligence, and Expertise: A Test of Alternative Models. *Creativity Research Journal*, 14, 163-178.

Young, J. W. (1975). *A Technique for Producing Ideas*. Chicago, IL: NTC Business Books.

Zollo, P. (2003). *Songwriters on Songwriting*. 4th expanded edition. Cincinnati, OH: De Capo Press.

Lil'Ol'Lady的〈憤怒管理〉（Anger Management）。

圖片提供

P14 *Lampella* by Neela Menik Wedage, student work.

P16 close up shot of a waffle iron, Kitch Bain, Shutterstock.com.
Nike Waffle Trainer: J. Crew's Nike® Vintage Collection Waffle® Racer Sneakers. Lyst.com

P19 *Candle* by Dorte N ielsen.

P20-21 *Spoons* by Tammes Bernstein, student work.

P24 *Lightbulb* by Trine Quistgaard, student work.

P26 *Twist Cone* by Mads Schmidt, student work.

P28 *Christmas Tree* by Mikkel Møller.

P30-31 *Bull* by Picasso. Photograph by Gjon Mili. Getty Images.

P32 *Managua, Nicaragua* by Elliott Erwitt.

P37 Close-up shot of Burdock seeds, Julie Lucht, Shutterstock.com

P38 Above: Kingfisher. Photograph by Michael L. Blaird. Creative Commons.

P38 Below: Bullettrain. Photograph from gus2travel.com. Creative Commons.

P42 *Tie* by Maria Birkholm Marcher, student work.

P46 Above: Leaves. Original source unknown.

P46 Below: *Pringels*. Photograph by Isabel Smart and Dorte Nielsen.

P52 *Brain Freeze* by Jennifer Tonndorff, student work. Photograph by Louis Gretlund.

P57 *The Problem Solver* by Mark Rif Torbensen, Mathias Birkvad and Kristoffer Gandsager, CP+B Copenhagen.

P58 *Librarian*. Concept by Dorte Nielsen. Illustration by Andrew Smart.

P59 *Conductor*. Concept by Dorte Nielsen. Illustration by Andrew Smart.

P61 *Your Inner Librarian*. Concept by Dorte Nielsen. Illustration by Andrew Smart.

P62 *Birdhouse* by Andreas Green Lorentzen, student work.

P64 Reference: Puccio, G., Mance, M., & Murdock, M. (2011). *Creative Leadership: Skills that Drive Change* (2nd ed.). Illustration by Dorte Nielsen.

P67 *Shower and Funnel*. Concept by Dorte Nielsen. Illustration by Andrew Smart.

P68 Reference: Puccio, G., Mance, M., & Murdock, M. (2011). *Creative Leadership: Skills that Drive Change* (2nd ed.). Illustration by Dorte Nielsen.

P70 *Guidelines Divergent Thinking*. Reference: Puccio, G., Mance, M., & Murdock, M. (2011). *Creative Leadership: Skills that Drive Change* (2nd ed.). Thousand Oaks, California: Sage Publications. Illustration by Dorte Nielsen.

P71 *Guidelines Convergent Thinking*. Reference: Puccio, G., Mance, M., & Murdock, M. (2011). *Creative Leadership: Skills that Drive Change* (2nd ed.). Thousand Oaks, California: Sage Publications. Illustration by Dorte Nielsen.

P72 *Sparkling Idea* by Sofie Engelbrecht Simonsen, student work.

P76 *Carrot*. Photograph by Dorte Nielsen.

P80 Pretest and posttest from the 1001 ideas course taught by Dorte Nielsen.

P81 Self assessment from the 1001 ideas course taught by Dorte Nielsen.

P84 *Pacman* by Miller Møller.

P86 *Winter Observation*. Photograph by Dorte Nielsen.

P89 *Horse* by Louise Arve, student work.

P90 *Extra Pair of Hands* by Simone Wärme, student work. Model: Klara Vilshammer Christiansen.

P92-93 *Tool* by Sebastian Risom Drejer, student work.

P94 Christmas card by Mikkel Møller.

P98 Main image: *Rainwater Device* by August Laustsen, student work.

P98 Small image: Rainwater Collector. Source unknown.

P101 Above: *Kitchen Light* by Kasper Dohlmann, student work.

P101 Below: *Ballet Dancer* by Line Schou, student work.

P102 *Dangerous Idea* by Jeppe Vidstrup Nielsen, student work.

P106-149 The copyright on the individual exercises is held by Dorte Nielsen.

P106 Above: *Coffin* by Sune Overby Sørensen, student work. Photography source unknown.

P106 Below: *Running Shoes* by Camilla Berlick, student work.

P109 *Bull* by Picasso. Photograph by Gjon Mili. Getty Images.

P110-111 *Bike parts*. Concept by Dorte Nielsen. Illustrations by Andrew Smart.

P112-113 *Visual Connections*. Concept by Dorte Nielsen. Illustrations by Andrew Smart.

P118 Above: *Woodpecker* by Lea Brisell, student work.

P118 Below: *Tandem Slippers* by Camilla Søholt Larsen, student work.

P121 Photograph 1: *Crime Scene* by [puamelia] - Crime scene do not cross / @CSI?cafe (CC BY-SA 2.0). Photograph 2-5 by Dorte Nielsen.

P125 *Random Visuals*. Concept by Dorte Nielsen. Illustrations by Andrew Smart.

P126 Above: *Lego Shoes* by Jesper Wendelbo Lindeløv, student work.

P126 Below: *All Terrain Shoes* by René Schultz, student work. Photography source unknown.

P128 *Random Words*. Concept by Dorte Nielsen. Photograph by Sarah Thurber.

P129 Nine photographs by Dorte Nielsen.

P130 *Candle variations*. Concept by Dorte Nielsen. Illustrations by Andrew Smart

P134 Homer Simpson connection: internet phenomenon. It has not been posible to track the original source. Original Homer Simpson drawing by Matt Groening.

P138 Alternative uses of a chicken by Andrew Smart.

P140 Visual puns: *Football Boot* by René Schultz. *Running Shoes* by Casper Christensen. Photography source unknown. *Candle Stick* by Mads Haugsted Rasmussen, student work.

P144 Above: *Corkscrew Mouse* by Line Johnsen, student work.

P144 Below: *Cheesecake* by Eva Stehr Ebbensgaard, student work.

P148 *Dice* by Andrew Smart.

P147 Two new ways to use a chicken by Andrew Smart.

P152 *Happy Hour* by Marie Christine Frederiksen, student work.

P156 *Stefan Arnoldus and Jacob Nørremark*. Photograph by Tue Blichfeldt.

P160 *Pen* by Karina Tørnsø Johannessen, student work.

P162 Above: *Porcelain Helmet* by Mette Nyhus Skammeritz, student work.

P162 Below: *Shark Tooth Knife* by Thomas Jørgensen Parastatidis, student work.

P164 Shopping list by Dorte Nielsen. Translated from *Idébogen* (2001).

P165 Mind map by Dorte Nielsen. Translated from *Idébogen* (2001).

P166 Sports list by Dorte Nielsen. Translated from *Idébogen* (2001).

P167 Mind map by Dorte Nielsen. Translated from *Idébogen* (2001).

P171 Cross connections by Dorte Nielsen. Translated from *Idébogen* (2001).

P172-173 Illustrations by Andrew Smart.

P174 Montgomery Ward Catalogue.

P177 Magnetic poetry. Photograph by Dorte Nielsen.

P182 Anger Management by Julie Katrine Andersen. LIL'OL'LADY.

P188 Sarah Thurber and Dorte Nielsen. Photograph by Amelia Bartlett.

銘謝

撰寫本書是一件樂趣無窮的差事。這並不是說它有多輕鬆，剛好相反，它是一場與創意生產的劇烈角力：雖然有些內容幾乎是信手捻來，卻也有些讓我們在黑暗中四處碰壁。但身爲一個創意團隊，我們倆在接下這個挑戰時，就已經具備了對創意的科學性理解，以及合作、溝通與產出點子所需的工具，而且把它們全都用上了。

當然，這本書得以付梓，也得感謝其他人的協助：我們的先生、孩子、恩師、編輯、出版社與學生。首先，要向我們的先生Andrew Smart和Blair Miller致上永遠的謝意。他們堅信我們倆有達成這個目標的能力，容忍我們倆多年來在深夜和清早的火車上、飛機上，與廚房流理台上通Skype電話，也將我們倆一改再改的寫作成果讀了又讀。到頭來，他們避免了我們的餘生陷入無人陪伴的混亂。我們也必須感謝慈愛的父母和可愛的孩子——Cole、Thomas、Becca和兩個Isabel（我們各有一個Isabel）。他們一路上扮演著我們忠誠的啦啦隊，乖乖地忍受了寫作家庭必須承受的犧牲，爲我們倆分擔了洗衣服、準備午餐與規畫汽車共乘等家務。

同時，感謝我們的恩師，國際創意研究中心總監傑瑞德·普契歐博士。他的思想在全球引領了創意學習的熱忱、點燃了創意學習的運動，而且他所開設的碩士班撮合了我們倆的合作，深深地影響了我們理解和教授創意的模式。

如果看過他們的作品，相信你也會深受我們的第一批讀者——Tim Hurson、Ellisa Goldsmith和Katrine Granholm所吸引。感謝他們在我們因過度專注而迷失方向時，提出的睿智建議。也必須感謝Andrew Smart提供了超出配偶義務的協助，爲我們畫出了書中優秀的插畫作品。

感謝BIS出版社內立刻看出這個寫作計畫潛力的Rudolf Van Weze，以及讓此計畫得以成真的Bionda Diaz。

感謝數百位丹麥媒體與新聞學校創意溝通系的學生，他們在過去十年來極力敞開心胸進行無數實驗，以找出可幫助他們擴展天生的創意才華，並提升與生俱來的創意天賦的完美訓練組合。

特別感謝允許我們在書中使用作品的學生，以及長年幫助學生實現點子，並將他們的發明具象化的模型製作者Joachim Weilland。在此，亦向不斷尋找新聯想，並允許我們刊載其部分最佳成果的米凱爾．莫勒致謝。

我們也向朵特在創意溝通系的同仁——Katrine Granholm、Ulrik Jessen、Clare McNally、Henrik Birkvig及Cathrina Ferreira致上最深的謝意。

我們感謝Morten Kringelbach帶我們做的一場啓發性的火車之旅，FourSight團隊的耐心與支持，國際創意研究中心研究所的教員，和全世界投入創意教育工作的創意同行。

仔細回想，若不是到義大利參加了CREA研討會，我們倆也不會在Villa Balbi飯店認識彼此。在初次面對面的對話中，我們就知道自己建立了最精采的人脈*。

*「人脈」與「聯想」的英文都是connection。

朵特・尼爾森與莎拉・瑟伯曾於紐約州國際創意研究中心攻讀創意學碩士學位，期間因合作建立一套展示創意發想過程的視覺模型，而獲得Firestien家族創意成就獎（Firestien Family Creative Achievement Award）。這套模型至今仍爲全球的學校、財富雜誌500大企業，以及非營利機構所使用。相關訊息請見www.see-connections.com。

關於作者

朵特・尼爾森

朵特・尼爾森的父母均為化學工程師，在她投入創意生涯時，兩人原本有點擔心。但她在倫敦的奧美廣告公司擔任過美術總監，並獲得藝術指導協會獎及坎城金獅獎等眾多廣告獎之後，返回故鄉哥本哈根，成立目前隸屬於丹麥媒體與新聞學校的創意溝通系。時至今日，她所創立的創意課程，幫助創意溝通系成為全球獲得最多廣告獎的學系。在投入訓練有志在此行業一展長才的創意總監十餘年後，尼爾森又將獨特且有效的創意課程引進小學教育中。如今身為一位專題演講者、教育家，與《創意書》（*The Idea Book*）及《啓發》（*Inspired*）等著作的作者，她在積極以神經科學的角度研究創意同時，也第二度擔任丹麥創意產業協會（Danish society for the creative industries）會長，持續培育更多的創意新秀。

莎拉・瑟伯

莎拉・瑟伯在兒時就以紙漿在家中地下室打造出一隻六英尺長的鱷魚，任性地展現自己的創意天賦。早期擔任自由撰稿人的經歷，讓她得以遊歷世界，在芝加哥落腳後，開始專注於創意相關主題的寫作。她所編纂的《不羈創意》（*Creativity Unbound*），至今仍是廣為全球學院與大學所採用的教材。如今，她是出版「FourSight思考側寫」（FourSight Thinking Profile），並協助研究多元認知與合作問題解決能力的國際創新公司FourSight的經營合夥人，身兼專題演講人、產品設計，以及創意思考的思潮引領者。在親眼目睹縝密的創意於自己的家庭、婚姻、鄰里、學校、事業及客戶身上，所產生的正面影響後，她立志與大家分享自己的洞見。

創意思考的祕密在聯想力
——點子源源不絕！歐洲最具未來競爭力的訓練課程

作　　者——朵特・尼爾森（Dorte Nielsen）
　　　　　莎拉・瑟伯（Sarah Thurber）
譯　　者——劉名揚
特約編輯——洪禎璐

發 行 人——蘇拾平
總 編 輯——蘇拾平
編 輯 部——王曉瑩
行 銷 部——陳詩婷、曾曉玲、曾志傑、蔡佳妘
業 務 部——王綬晨、邱紹溢

出版社——本事出版
　　　　地址：台北市松山區復興北路333號11樓之4
　　　　電話：(02) 2718-2001　傳眞：(02) 2718-1258
　　　　E-mail：motifpress@andbooks.com.tw
發　行——大雁文化事業股份有限公司
　　　　地址：台北市松山區復興北路333號11樓之4
　　　　電話：(02)2718-2001
　　　　傳眞：(02)2718-1258
　　　　E-mail：andbooks@andbooks.com.tw
美術設計——楊啓巽工作室
內頁排版——陳瑜安工作室
印　　刷——上晴彩色印刷製版有限公司
2017年6月初版
2021年3月22日初版4刷
定價　380元

The secret of the highly creative thinker —
How to make connections others don't
By Dorte Nielsen and Sarah Thurber

ISBN 978-986-94504-7-8

缺頁或破損請寄回更換
歡迎光臨大雁出版基地官網 www.andbooks.com.tw 訂閱電子報並填寫回函卡

國家圖書館出版品預行編目資料
創意思考的祕密在聯想力——點子源源不絕！歐洲最具未來競爭力的訓練課程
朵特・尼爾森（Dorte Nielsen）& 莎拉・瑟伯（Sarah Thurber）／著　劉名揚／譯
---.初版.— 臺北市；本事出版：大雁文化發行，2016年6月　面；公分. –
ISBN 978-986-94504-7-8（平裝）
1. 創造性思考
176.4　　　　106006193